Elke Barten

München auf kleinen Füßen

Ein Stadtführer für Kinder und Eltern

W0067330

Elke Barten

München
auf kleinen Füßen

Ein Stadtführer
für Kinder und Eltern

Verlagsanstalt »Bayerland« Dachau

Für Paulinchen,
mein erstes Enkelkind,
und für alle, die noch kommen.

Verlag und Gesamtherstellung:
Druckerei und Verlagsanstalt »Bayerland« GmbH
85221 Dachau, Konrad-Adenauer-Straße 19

Einbandgestaltung und Illustrationen: Hans Fischach

Stadtpläne: Christine Valk

Printed in Germany · ISBN 3-89251-260-4

Inhalt:

Liebe Eltern,

wir alle kennen das Phänomen, daß wir uns in einer fremden Stadt völlig anders verhalten als in der eigenen. Wir sind plötzlich motiviert und interessiert, besuchen Kirchen und Museen, informieren uns über die Landesgeschichte oder nehmen an Stadtrundgängen teil. Warum ist das so? **Warum nicht einmal die eigene Stadt als Tourist erleben?** Das Abenteuer beginnt vor unserer Haustür. Wir müssen nur mit offenen Augen hinaustreten. Diese Erkenntnis hat mich schon vor Jahren dazu bewogen, mich intensiv mit meiner schönen Heimatstadt zu befassen.

Die Erfahrung, daß viele Menschen kaum noch eine Beziehung zu ihrem Wohnort entwickeln und immer öfter immer weiter fahren müssen, um Abwechslung und Erholung zu finden, hat mich schließlich auf die Idee gebracht, mein Wissen und meine Erfahrung in diesen Stadtführer einzubringen. Ich bin sicher, daß man auf diese Weise Kinder schon früh für ihre eigene Umgebung interessieren kann. Auch glaube ich, daß Menschen, die sich daheim wirklich auskennen, ein Gefühl der Zugehörigkeit zum eigenen Wohnort entwickeln. Dies führt dazu, daß sie mehr am Leben, an den Problemen und Ereignissen ihres eigenen Lebensraumes Anteil nehmen. Sie werden sich zu Hause wohl fühlen und nicht unbedingt ihr Glück in der Ferne suchen müssen.

Da Kinder in der Regel noch kein geschicht-

7

liches Verständnis haben, wird auf Jahreszahlen weitgehend verzichtet. Dafür liegt das Hauptgewicht auf Erzählungen und Sagen, die sich um viele Münchner Gestalten, Straßen, Plätze und Gebäude ranken. Die relativ kurzen Wege sind so gewählt, daß Straßen ungefährdet überquert werden können, und zum Vorlesen der Geschichten – wenn irgend möglich – ein ruhiger Platz oder eine verkehrsarme Ecke zur Verfügung steht.

Dieser Führer setzt bei Kindern kein besonderes Alter voraus. Erfahrungsgemäß lassen sich nicht nur kleinere, sondern auch ältere Kinder, ja selbst die meisten Erwachsenen von alten Geschichten begeistern.

Liebe Kinder,

ich weiß natürlich nicht, ob ihr nur in München zu Besuch seid, ob ihr hier schon einige Zeit wohnt oder gar in dieser Stadt das Licht der Welt erblickt habt, also richtige Münchner Kindl seid. Aber das ist auch gar nicht so wichtig. Wichtig ist nur, daß ihr euch mit euren Eltern oder Großeltern, mit Onkel oder Tante auf den Weg machen wollt, um München kennenzulernen.

Fast 850 Jahre ist die Stadt alt, und viel ist in dieser langen Zeit geschehen, das könnt ihr mir glauben. Es gab fröhliche und traurige Ereignisse, die Menschen haben gelacht und geweint. Grausame Kriege und schreckliche Seuchen sind über die Stadt hinweggezogen, aber auch großartige Feste haben in ihren Mauern stattgefunden.

Heute ist München eine Großstadt, in die jedes Jahr Tausende von Besuchern aus aller Welt kommen. Also muß es hier doch etwas Besonderes zu sehen geben. Warum nicht auch für euch? Also, auf geht's! Erobert euch die Stadt. Ihr werdet viel sehen und erleben und feststellen, daß man auch heute noch Kaisern, Königen, Handwerksburschen und sogar Gespenstern begegnen kann.

Viel Spaß dabei!

1. Spaziergang

Mariensäule – Neues Rathaus –
Fischbrunnen – Altes Rathaus –
Onuphriushaus

Ausgangspunkt:
Marienplatz – Mariensäule

Der Marienplatz ist seit ewigen Zeiten das Herz unserer Stadt. Man kann auch sagen, er ist Münchens »Festsaal« oder »gute Stube«. Über ihn gibt es so viel zu erzählen, daß wir uns bei diesem Spaziergang nur auf dem Platz aufhalten werden.

Bis vor etwa 140 Jahren wurde auf dem »Schrannenplatz«, wie er damals hieß, an allen Wochentagen Markt abgehalten. Am Montag zum Beispiel war Weinmarkt, am Dienstag und Mittwoch Getreidemarkt und vor und an den Festtagen verkauften die Isarfischer ihre frischgefangenen Fische. Sonn- und feiertags wurden Hunde und Vögel angeboten, und an allen Tagen konnte man frisches Obst, Gemüse, Kräuter und Eier kaufen.

Auf dem Schrannenplatz kreuzten sich zwei wichtige Handelsstraßen. Die eine führte von Süden nach Norden, die andere von Osten nach Westen. Diese trug den Namen »Salzstraße«. Wir können uns vorstellen, daß es da im Mittelalter ein ganz schönes Verkehrsgetümmel gab. Täglich rumpelten viele schwerbeladene Kaufmannswagen in die Stadt. Die meisten Wagen, die auf der Straße vom Tal herauf zum Marienplatz fuhren, waren mit Salz bepackt. Es war früher eine so kostbare Handelsware, daß es auch »weißes Gold« genannt wurde. Aus dem Norden Europas kamen Bären- und Wolfspelze oder das bei den italienischen Fürsten sehr beliebte Bernstein. Aus Italien brachten die Händler exotische Gewürze, Wein, Seide, kunstvollen Schmuck und kostbare Tuche. Da sich die Stadt schnell ausweitete, wurde auch ständig Baumaterial wie Ziegelsteine und Bauholz benötigt, das aus dem Umland in die Stadt gebracht wurde. Dazu drängten sich Bauernfuhrwerke durch die engen Gassen, beladen mit Heu, Getreide, Wein, Gemüse, Obst und Blumen. Und dann waren da noch Ritter mit ihren Knappen, Hausierer und Gaukler, Pilger und Prediger oder kaiserliche Kuriere.

Auf dem Schrannenplatz fanden auch große Turniere statt, Kaiser wurden festlich empfangen, Fürstenhochzeiten prunkvoll gefeiert. Man kam zu Schäffler- und Faschingstänzen, zum Sonnwendfeuer und Metzgersprung, von dem wir später noch Genaueres erfahren. Hier stand der Pranger, ein steinerner Pfahl, an den sündige Bürger angebunden wurden, damit jedermann sie in Ruhe betrachten und beschimpfen konnte. Aber auch Todesurteile wurden vollstreckt. So wurde der betrügerische Münzmeister Schmiechen, der – allerdings auf Geheiß des Landesherrn – den Münzen zu wenig Silber beigemischt hatte, von der aufgebrachten Menge erschlagen.

Der gefürchtete Raubritter Diez von Schaum-
burg wurde auf diesem Platz öffentlich
geköpft. Von dieser Hinrichtung erzählt man
sich folgendes:
*Zusammen mit dem Raubritter wurden seine
vier Komplizen zum Tode verurteilt. Der Ritter
gab zwar alle seine Schandtaten zu, bat aber
für seine vier Knechte um Gnade. Die Richter
lehnten ab. Da stellte der Ritter eine seltsame
Bitte: »Hohe Richter, es ist üblich, daß ein zum
Tode Verurteilter noch einen Wunsch frei hat.
Mein Wunsch ist der: Stellt mich und meine
Knechte bei der Hinrichtung in einer Reihe auf
und beginnt bei mir mit dem Köpfen. Jeder
meiner Leute, an dem ich als Geköpfter noch
vorbeilaufen kann, soll begnadigt werden.«
Dieser Bitte gaben die Richter nach, denn sie
dachten, ein Geköpfter könne nicht laufen.
Am Tag der Hinrichtung kniete der tapfere
Ritter nieder und ihm wurde als erstem mit
einem einzigen Hieb der Kopf abgeschlagen.
Während das Haupt zu Boden rollte, sprang
der Körper des Ritters auf, wankte an den vier
Knechten vorbei und fiel dann endgültig um.
Die Zuschauer jubelten vor Begeisterung über
diese Heldentat.
Man begrub den Ritter mit allen Ehren an der
Stelle, an der sein Kopf niedergefallen war.
Seine vier Leute aber wurden begnadigt und
erhielten die Freiheit.*
Bis heute hat sich auch die Geschichte von
der Hinrichtung des Marco Bragadino erhal-
ten:

Er war ein Günstling von Herzog Wilhelm V., der sich in ständiger Geldnot befand. Bragadino nützte dies aus, indem er dem Herzog versprach, aus Quecksilber Gold herstellen zu können. Als sich herausstellte, daß er ein Betrüger ist, wurde er auf dem Schrannenplatz hingerichtet. Man hatte dazu eigens eine rotgestrichene Bühne aufgebaut, auf der ein Galgen mit einem vergoldeten Strick stand. Der Galgen sollte zeigen, welche Todesart Bragadino eigentlich verdient hätte. Aus nicht mehr bekannten Gründen wurde er aber nicht gehenkt, sondern enthauptet.

Mitten auf dem Platz steht die Mariensäule. Die Säule selbst ist 11 Meter hoch, die Figur mißt 2,25 Meter. Die Balustrade grenzt den »Heiligen Bezirk« ab. Auf dem Sockel sehen wir vier Heldenputti, das sind Engelskinder. Sie bekämpfen die Hauptübel der alten Zeit: Hunger, Krieg, Unglaube und Pest. Sie werden symbolisiert durch den Drachen, den Löwen, die Schlange und den Basilisk, ein Fabelwesen, halb Drache, halb Hahn, mit tödlichem Blick.

Die Mariensäule ist der geometrische Mittelpunkt Bayerns. Bis heute werden alle von München ausgehenden Straßen von hier aus vermessen. Aufgestellt wurde die Säule vor ungefähr 360 Jahren vom bayerischen Landesfürsten Maximilian als Dank dafür, daß München nicht zerstört worden war:

Es tobte nämlich damals in Deutschland ein schrecklicher Glaubenskrieg, der 30 Jahre

dauerte, der sogenannte Dreißigjährige Krieg. Die Katholiken kämpften gegen die Protestanten. König Gustav Adolf von Schweden, ein Protestant, war gegen die katholischen Bayern in den Krieg gezogen und rückte mit 40 000 Soldaten auf München zu. Viele Dörfer rund um die Stadt waren schon geplündert und in Brand gesetzt worden, und die Münchner hatten fürchterliche Angst, daß sie und ihre Stadt ein gleiches Schicksal erleiden müßten. So wurde eine Abordnung zum Schwedenkönig geschickt. Nach zähen Verhandlungen erklärte sich der König bereit, München zu verschonen, wenn man ihm 300 000 Reichstaler zahlen würde. Das war eine ungeheure Summe. Trotz einer gewaltigen Sammelaktion konnten nur 100 000 Taler aufgebracht werden. So verlangte der König als Ersatz für das noch fehlende Geld 42 Geiseln, 21 aus dem geistlichen und 21 aus dem weltlichen Stand. Die armen Männer mußten mit dem feindlichen Heer ziehen und wurden drei Jahre lang herumgestoßen, ehe sie in ihre Heimat zurückkehren konnten.

Nach dem Abzug der Schweden hatten die Münchner alle Hände voll zu tun, um in der total verwüsteten Umgebung der Stadt die Leichen zu begraben und die schlimmsten Schäden zu beseitigen. Der Krieg hatte seine Spuren hinterlassen: In Bayern waren etwa 900 Städte und Dörfer zerstört worden und über die Hälfte der Bevölkerung hatte ihr Leben lassen müssen.

Auch heute noch ist die Mariensäule ein beliebtes Ziel für Wallfahrer aus ganz Bayern.

Das neue Rathaus konnte vor etwa 100 Jahren erst gebaut werden, nachdem man 24 schöne alte Bürgerhäuser abgerissen hatte. Am 21. Geburtstag von König Ludwig II. legte man den Grundstein. An der Fassade sehen wir unzählige Figuren aus Stein. Sie stellen bayerische Herzöge, Fürsten und Könige, Heilige und Sagengestalten, Tierfratzen und Wappen dar.

Der Rathausturm ist 80 Meter hoch, seine Spitze krönt das Münchner Kindl, Münchens Stadtwappen, das einen Benediktinermönch aus der ersten Ansiedlung »Munichen« (= bei den Mönchen) zeigt. Versuchen wir einmal, auf unserem weiteren Weg zu zählen, wieviele Münchner Kindl wir am Rathaus, am Rathausturm, im Durchgang zum Hof und im Hof entdecken können. Ihr werdet staunen!

In der ganzen Welt berühmt ist das Glockenspiel mit seinen 43 Glocken. Die obere Figurengruppe zeigt die Hochzeit von Herzog Wilhelm V. mit Renata von Lothringen im Jahre 1568.

Es war das glänzendste Fest des Jahrhunderts, und in ganz Europa wurde noch jahrelang davon erzählt. Aus allen Teilen des Reiches kamen Fürsten und Abgesandte, um mitzufeiern. Eine Abordnung ritt der Braut bis zum Dorf Neuhausen entgegen, wo man für sie und ihren Bräutigam zwei Prachtzelte aufgestellt hatte. Von hier aus setzte sich ein Zug mit

*5 640 Reitern in Richtung Münchner Innen-
stadt in Bewegung. Nach der Trauung feierte
die ganze Stadt drei Wochen lang, und es
wurden 400 verschiedene Gerichte serviert.
521 Ochsen mußten ihr Leben lassen. Man
kochte, schmorte oder briet Pfauen, Fasane,
Rebhühner, Haselhühner, Kapaune (Mast-
hähne), Ferkel, Lämmer, Hirsche, Kaninchen,
Enten und Fische. Zu den Turnieren auf dem
Schrannenplatz kamen Kämpfer und Pferde in
sonderbarer Vermummung und Verkleidung.
Da gerade Faschingszeit war, fand auch ein
Kübelstechen statt. Die Ritter erschienen nicht
gepanzert, sondern dick mit Heu gepolstert
und mit einem Kübel auf dem Kopf. Zum Ver-
gnügen der Zuschauer mußten sie versuchen,
sich gegenseitig mit langen Lanzen den Kübel
vom Kopf zu stoßen.
Das Hochzeitsfest soll 100 000 Gulden gekostet haben, und die Bader (Badeknecht, Fri-
seur, Arzt und Zahnarzt in einer Person) hatten
anschließend alle Hände voll zu tun, denn
viele Münchner Bürger hatten sich die Mägen
verdorben und mußten behandelt werden.*

Unter der Figurengruppe sehen wir die tanzen-
den Schäffler. Schäffler sind Handwerker, die
Fässer und andere Gefäße aus Holz herstellen.
Sie waren es, die 1517 nach einer furchtbaren
Pestepedemie wieder auf die Straße gingen,
um durch ihren Tanz die verängstigten Bürger
aufzumuntern und ihnen neuen Lebensmut zu
geben.
In früherer Zeit starben Tausende an der Pest.

Schuld daran, daß diese schreckliche Seuche immer wieder ausbrechen konnte, waren der Mist, der vor den Häusern lag, der knöcheltiefe Kot, der die Straßen bedeckte, und die Abfälle, die in die Stadtbäche geschüttet wurden. Überall gab es Ungeziefer, und das Wasser, das aus Brunnen geschöpft wurde, war verunreinigt. So konnten sich Krankheiten und Seuchen schnell ausbreiten.

In der Zeit von 1349 bis 1690 wurde München fünfundzwanzigmal von der Pest heimgesucht. Die Krankheit ergriff zuerst Kinder, alte und schwächere Menschen, erfaßte dann aber auch die gesunden und kräftigen. Es fing an mit glühendem Fieber, Schüttelfrost und unerträglichen Kopfschmerzen. Dann brachen am ganzen Körper Beulen auf. Viele Menschen starben schon am ersten Tag der Erkrankung, andere in den nächsten sieben Tagen, und nur wenige kamen mit dem Leben davon. Im Winter 1635 wurden von 20000 Einwohnern 15000 von der Pest dahingerafft.

Gehen wir nun durch das Tor, um in den sogenannten Prunkhof des Rathauses zu gelangen. An der linken Durchgangswand fallen uns sechs schöne bunte Wappen ins Auge. Es sind die Wappen unserer Partnerstädte: Edinburgh in Schottland, Verona in Italien, Bordeaux in Frankreich, Sapporo in Japan, Cincinnati in Amerika und Kiew in der Ukraine. Eine weitere Partnerstadt bekam München 1995, nämlich Harare, eine Stadt in Afrika.

Partnerschaften zwischen Städten kann man

vergleichen mit Freundschaften zwischen Menschen. Man interessiert sich füreinander, man trifft sich zu Sportwettbewerben, zum gemeinsamen Musizieren und Theaterspielen, man tauscht Schüler, Lehrer und Studenten aus, lernt die gegenseitige Sprache und vieles andere mehr, was der Freundschaft, der Verständigung und dem Frieden unter den Völkern dient.

Der Prunkhof hat eine Besonderheit, die wir erst auf den zweiten Blick erkennen. In das Pflaster eingelassen sehen wir ein Labyrinth, das abzulaufen einige Zeit in Anspruch nimmt und nur in der kalten Jahreszeit möglich ist, da der Platz sonst mit Tischen und Stühlen zugestellt ist.

Die dem Hofeingang gegenüberliegende Tür führt zur ehemaligen Kassenhalle. Früher mußten hier die Steuern abgeliefert werden, heute finden wechselnde, oft sehr ansprechende Ausstellungen zu unterschiedlichen Themen statt. Es lohnt sich immer zu prüfen, ob es gerade etwas für uns Interessantes zu sehen gibt.

Wir gehen zurück auf den Marienplatz und machen, falls wir an einem Werktag unterwegs sind, einen Abstecher ins Informationszentrum der Stadt München gleich linker Hand. Seit 1996 ist es in den großzügigen, modernen Räumen zu Hause, deren Wände verziert sind mit Aussagen berühmter Münchner oder München-Besucher. Wir finden hier »München Ticket«, wo es Konzert- und Theaterkarten sowie Programmvorschauen zu erstehen gibt, das »Fremdenverkehrsamt« mit Informationen für Touristen und einem eigenen Veranstaltungskalender für Kinder in München. So zum Beispiel für 1,– Mark die kleine Broschüre »Hits für Kids« zusammen mit einem speziellen Hotelverzeichnis, das unter anderem auch auf Extras hinweist, die die verschiedenen Häuser für ihre kleinen Gäste zu bieten haben. Der Veranstaltungskalender für Kinder »Stadt-Wiesel« wird alle zwei Monate vom Sozialreferat herausgebracht. Außerdem bietet das Baureferat Gartenbau einen besonderen Stadtplan an, auf dem alle Spielplätze in München verzeichnet sind. Praktische Info-Zeichen ermöglichen es, für jedes Kind den geeigneten Spielplatz zu finden. Gehen wir doch einfach mal rein und holen uns diese interessanten kostenlosen Informationen.

Da es früher weder Straßennamen noch Hausnummern gab, orientierten sich die Bürger an Hauszeichen oder an Ortsbezeichnungen. So nannte man die Seite des Marienplatzes, auf der das Rathaus steht, »Sankt Marien mit den lichten Bögen«, weil dort der sonnige Teil des Platzes ist und die umliegenden Häuser zur Pfarrei der Marienkirche gehörten. Die gegenüberliegende schattige Seite, die zur Pfarrei der Peterskirche gehörte, hieß »Sankt Peter mit den finstren Bögen«. Um Sankt Marien herum lagen die Häuser der wohlhabenden Geschäftsleute und der vornehmen Patrizier (sehr reiche Bürger) sowie die Adelspaläste, während in der Gegend rund um die Peterskirche Handwerker, kleine Händler und arme Künstler wohnten.

Der Fischbrunnen ist – neben der Mariensäule – das einzige Bauwerk, das den Marienplatz schmückt. Er wird bekrönt von einem großen dicken Fisch. Isarfischer boten hier einst ihre Ware an und gaben dem Brunnen seinen Namen. Die drei lustigen Figuren, aus deren Eimern Wasser in das Becken läuft, sind Metzgerlehrlinge. Auch sie stehen in Zusammenhang mit einem alten Brauch, der viele, viele Jahre lang immer am Rosenmontag hier stattgefunden hat:

Da kamen die Metzgerlehrlinge, die ihre Lehrzeit beendet hatten, mittags um 12 Uhr von einem Altgesellen geführt an den Brunnen. Die Lehrlinge waren ganz in Weiß gekleidet und mit Kalbsschwänzen geschmückt. Sie mußten dreimal um den Brunnen herumgehen, dann wurden sie vom Altgesellen »freigesprochen«, das heißt, sie wurden zu Gesellen ernannt. Von nun an durften sie mit den anderen Gesellen im Wirtshaus Bier trinken und mit den Mädchen zum Tanzen gehen. Nach der »Freisprechung« sprangen die frischgebackenen Gesellen übermütig in den Brunnen, bespritzten die Umstehenden mit Wasser und warfen Nüsse in die Menge.

Auch soll das Wasser des Fischbrunnens Zauberkräfte besitzen, denn wer am Aschermittwoch seine Geldbörse darin auswäscht, wird das ganze Jahr nicht ohne Geld sein. Auf dieses Wunder hofft alljährlich auch der Münchner Stadtkämmerer. Leider vergeblich, denn in der Stadtkasse klafft ständig ein großes Loch. Zwischen dem Marienplatz und dem Tal steht das Alte Rathaus. Es wurde vor über 500 Jahren von Jörg von Halspach als Tanzhaus erbaut. Zu ebener Erde, wo wir heute die beiden Durchfahrten sehen, befanden sich damals das Gefängnis, die Folterkammer und die Wohnung des Gefängniswärters. Darüber war – und ist heute noch – ein großer Tanzsaal mit einer kunstvoll geschnitzten Holzdecke. Er war Versammlungsort und Ratssaal der Bürger, Ballsaal der Patrizierfamilien und offizieller Empfangsraum der Stadtverwaltung. Im Fasching konnte hier jedermann zum Tanzen gehen, und einmal im Jahr war er Begegnungsort des Landesherrn mit Vertretern der Stadt. Am Sonntag nach Dreikönig traf sich in diesem Saal die herzogliche Familie mit den Patriziern. Sie aßen zusammen das Bürgermahl und vergnügten sich dann beim Tanz.

Die Figur an der Fassade stellt Kaiser Ludwig den Bayern dar. Er blickt auf »seinen« Marienplatz, denn er war es, der jede künftige Bebauung des Platzes verbot.

Der Alte Rathausturm gehörte zur ersten Stadtbefestigung Münchens und wurde Talburger Tor genannt. Heute befindet sich in seinen Mauern ein sehenswertes Spielzeugmuseum.

Wenden wir uns weiter nach rechts, so sehen wir an einer Hauswand, aus Mosaiksteinchen gefertigt, eine überlebensgroße Figur. Es ist der heilige Onuphrius, von den Münchnern »Christophl vom Eiermarkt« genannt, da er wie der heilige Christophorus aussieht. Außerdem hatten früher hier die Eierhändler ihren Platz.

Onuphrius war der Sohn eines abessinischen Hirtenfürsten. Er soll von riesenhafter Gestalt gewesen sein und am ganzen Körper mit Haaren bewachsen. Schon früh verließ er sein Elternhaus, um ein frommes, entbehrungsreiches Leben zu führen. In der ägyptischen Wüste fand er eine kleine, einsame Hütte, die nur von ein paar Dattelpalmen umgeben war. Hier ließ er sich nieder und lebte 70 Jahre lang als Einsiedler ein gottgefälliges Leben. Nach seinem Tode wurde er auch dort begraben.

Lange Zeit später begab sich Heinrich der Löwe, der Gründer Münchens, in Begleitung von 1 000 Rittern auf eine Pilgerfahrt ins Heilige Land. Da hörte er von Onuphrius und seinem wundersamen Leben. Heinrich war so beeindruckt, daß er die Hirnschale des heiligen Mannes ausgraben ließ. Er brachte sie als Reliquie (Reliquien sind Überreste von Heiligen oder Gegenstände, die zu Christus oder einem Heiligen in Beziehung standen) mit nach München und ernannte Onuphrius zum Schutzpatron der Stadt.

Seinem Bild wird noch heute Wunderkraft zugesprochen: Wer es anschaut, dem kann den ganzen Tag über kein Leid geschehen.

Wir gehen weiter und überqueren die Rindermarktstraße. Wenn wir vor dem Restaurant

»Metropolitan« stehen, befinden wir uns an der Geburtsstätte der Weißwurst.

Damals gab es hier ein Gasthaus mit dem Namen »Zum ewigen Licht«. Sein Wirt war der Moser Sepp. Er bekam eines Tages unerwartet viele Gäste. Als er merkte, daß seine Bratwürste nicht reichen würden, verlängerte er das Brät mit Kalbsknochengefiesel und würzte es mit Zitronenschale und Petersilie. So entstand am 22. Februar 1857 die erste Weißwurst.

Inzwischen sind die Weißwürste zum Leibgericht vieler Bayern geworden und man sagt, die Würste dürften das Zwölf-Uhr-Läuten nicht hören. Damit ist gemeint, daß sie vormittags am besten schmecken. Zum richtigen Weißwurstessen gehören natürlich viel süßer Senf und eine frische Brez'n, über deren Entstehung es auch eine Geschichte zu erzählen gibt:

In alter Zeit mußte in der Fastenzeit wirklich auf allerlei Genüsse verzichtet werden. So suchten die Mönche nach einer frommen Speise, die sowohl gut schmeckt als auch satt macht. Sie legten eine dünne Teigrolle in die Form »beim Gebet gekreuzter Arme«. Vor dem Backen tauchten sie die Brezn in kochende Natronlauge und bestreuten das ganze mit Salz. Nun hatten sie ihre fromme, wohlschmeckende und sättigende Fastenspeise, die sich bis heute bei jung und alt großer Beliebtheit erfreut.

2. Spaziergang

Rindermarkt – Rosental – Sendlinger Straße – Hermann-Sack-Straße – St.-Jakobs-Platz – Nieserstraße – Viktualienmarkt

Ausgangspunkt: Alter Peter

Der Alte Peter ist Münchens älteste Kirche. Er stand schon 100 Jahre auf dem Petersberg, als München im Jahre 1158 gegründet wurde. Man kann sich vorstellen, daß die Kirche in den 900 Jahren ihres Bestehens viel erlebt hat. So ist sie einmal abgebrannt, dann hat der Blitz in den Turm eingeschlagen, und im Zweiten Weltkrieg wurde sie durch Bomben so schwer beschädigt, daß man zunächst nicht an einen Wiederaufbau dachte und die Reste wegsprengen wollte.

Wenn man den Turm betrachtet, so sieht man zunächst, daß er acht Uhren hat, »so können acht Leute gleichzeitig die Uhrzeit ablesen«, meinte Karl Valentin, ein bekannter Münchner Volkskomiker, dazu. Wenn wir jetzt ganz genau und lange genug die oberste Turmspitze ansehen, bemerken wir, daß sie ein kleines bißchen schief ist. Damit hat es folgende Bewandtnis: *Wie jeder weiß, hegt der Teufel einen tiefen Groll gegen jede Kirche. Als im Jahre 1607 der Blitz einschlug und den Turm vom Alten Peter zerstörte, war der Höllenfürst außer sich vor Freude. Welche Wut packte ihn aber, als die Münchner einen neuen Turm bauten, mit einer*

Galerie umgeben, von der zu bestimmten Zeiten auch noch fromme Lieder erklangen. So machte er sich eines Nachts mit einigen Unterteufeln auf den Weg zur Peterskirche, hängte sich mit ihnen zusammen an die Spitze des Turmes und versuchte, sie durch Rütteln und Schütteln abzureißen. Er hatte aber nicht mit dem tapferen Turmwächter Heinz gerechnet, der durch den höllischen Lärm aufgewacht war. Er sprang aus dem Bett, riß ein großes Holzkreuz von der Wand und stürzte damit hinaus auf die Galerie. Mit aller Kraft schlug er auf die Teufel ein, bis nach und nach alle Teufel losließen. Nur der Oberteufel wollte nicht weichen. Aber Heinz kämpfte tapfer weiter, obwohl der Sturm, ein Bundesgenosse des Teufels, ihn um ein Haar von der Galerie gerissen hätte. Endlich, der gute Heinz war schon völlig erschöpft, schlug es ein Uhr. Da war der Höllentanz mit einem Schlag zu Ende.

Am nächsten Morgen lief Heinz gleich zum Stadtrat und erzählte von seinem aufregenden nächtlichen Erlebnis. Aber niemand wollte ihm Glauben schenken. Doch gottlob ging kurze Zeit später der Bürgermeister über den Marienplatz und schaute hinauf zum Turm, um die Uhrzeit abzulesen. Da bemerkte er zu seiner großen Überraschung, daß die Turmspitze tatsächlich ein kleines bißchen schief ist. Nun wußte er, daß Heinz die Wahrheit gesagt hatte, und er ließ die Heldentat des tapferen Mannes in der ganzen Stadt verbreiten.

Wollen wir München von oben betrachten, so

steigen wir über die 303 Stufen hinauf zur Galerie des Turmes. Die Mühe lohnt sich, denn von hier hat man einen herrlichen Blick über die ganze Stadt. Bei Föhnwetter kann man sogar bis zu den Alpen sehen.

Bevor wir weitergehen, werfen wir noch einen Blick in die Kirche. Sie ist reich ausgestattet und beherbergt viele Kunstschätze. Besonders sehenswert ist die ungefähr 500 Jahre alte Figur des heiligen Petrus, die den gewaltigen Hochaltar schmückt. Die Tiara (Papstkrone), die Petrus auf dem Kopf trägt, hat für die Münchner eine besondere Bedeutung: Stirbt der Papst in Rom, so nimmt der Pfarrer von St. Peter der Figur die Krone ab. Erst wenn ein neuer Papst gekrönt wird, erhält auch Petrus während eines feierlichen Hochamtes seine Krone zurück. So hat München seine eigene Papstkrönung.

Übrigens, als man vor etwa 260 Jahren zur Aufbesserung der Staatskasse in Bayern das Lottospiel einführte, wurden auf dem Petersplatz die Gewinnzahlen ausgerufen. Das Glücksspiel wurde jedoch schnell wieder abgeschafft, denn man hatte den Eindruck, daß es einen schlechten Einfluß auf die Moral der Münchner hat. Zuviele Bürger nahmen daran teil und verließen am Ziehungstag ihre Häuser und Arbeitsplätze, um hierher zu eilen und zu erfahren, ob ihre Zahlen gewonnen hätten.

Der Alte Peter ist eines der Wahrzeichen Münchens und wird sogar in einer alten Volksweise

besungen. Sicher kennt ihr alle das Lied: »Solang der Alte Peter, der Petersturm noch steht, solang . . .«

Wir gehen jetzt zum Rindermarkt. Wie wir aus dem Namen erkennen können, wurde hier früher das Vieh gehandelt. Auch der Brunnen, der aus unserer Zeit stammt, weist durch seine Figuren auf die ehemalige Bedeutung des Platzes hin. An der oberen Terrasse drängt sich eine Rinderherde, die von einem etwas entfernt sitzenden Hirten bewacht wird. Das Wasser strömt über Steinterrassen und sammelt sich in einem flachen Becken. Ein Ort der Erholung mitten in der Stadt.

Der Turm aus roten Backsteinen auf der linken Seite ist der Löwenturm. Seine Geschichte ist nicht genau bekannt. Vermutlich war er ein Teil der ersten Stadtbefestigung und wurde später als Wohn- oder Wasserturm verwendet.

Wir biegen nun rechts ins Rosental, das früher den Namen »Krottental« führte (wahrscheinlich wegen der Kröten, die im sumpfigen Altwasser des dort fließenden Stadtbaches lebten), und kommen zur Sendlinger Straße. Die Verlängerung des Rosentals trägt ab hier den Namen Färbergraben. Er sagt uns, daß hier der Stadtgraben war, der zur Stadtbefestigung gehörte. In den Häusern entlang dem Graben wohnten und arbeiteten die Färber. Wo der Färbergraben auf die Sendlinger Straße trifft, war in alter Zeit der Rabenberg. Die Menschen erzählten sich damals, daß hier die Geister der Gehängten umgingen.

Nachdem wir ein Stück durch die Sendlinger Straße in Richtung Sendlinger Tor gegangen sind, biegen wir links in die Hermann-Sack-Straße ein. An der Hausecke sehen wir einen Moriskentänzer. Er gehört zu einer Gruppe von zehn verschiedenen Tänzern, deren Originale sich im Stadtmuseum befinden. In alter Zeit standen diese Figuren im Tanzsaal des Alten Rathauses. Sie zählen zu den kostbarsten Kunstwerken, die München besitzt. Ein Bildhauer namens Erasmus Grasser hat sie vor über 500 Jahren geschaffen. Der Moriskentanz (Mohrentanz) war in Bayern sehr beliebt. In der Faschingszeit wurden eigens Komödianten angeheuert, die den Tanz bei Festlichkeiten als Zwischenspiel vorführten: Die Männer tanzten mit wilden Bewegungen und kunstvollen Verrenkungen um ein junges Mädchen herum, das dem besten Tänzer als Preis einen Apfel überreichte.

Die Straße endet am Oberanger. Hier, mitten auf der Straße, stand einst das Haus des Scharfrichters. Bevor wir Näheres darüber erfahren, gehen wir rechts zur Fußgängerampel, um dort den Oberanger zu überqueren. Bis die Ampel grünes Licht zeigt, gehen wir einmal um den hübschen kleinen Brunnen herum, in dem ein Mädchen auf einer Schildkröte sitzt. Das Mädchen neigt sich anmutig nieder und legt behutsam seine Hand an den Kopf der Wasserschildkröte, die in weitem Bogen Wasser in das Becken prustet.

Haben wir die Straße überquert, gehen wir

geradeaus auf einem kleinen Weg am Parkplatz vorbei in Richtung St.-Jakobs-Platz. Hier
können wir uns die Geschichte von Münchens
letztem Scharfrichter anhören:
*Er hieß Martin Hörmann und wohnte nur ein
kleines Stück vom Rabenberg entfernt, auf
dem die Seelen der Unglücklichen, die er hingerichtet hatte, ruhelos umhergeisterten. Wie
alle Scharfrichter galt auch er als ein Mann
ohne Ehre. Er und sein Besitz waren unberühr-
bar, das heißt, sie galten als unrein und wurden
verachtet. Deshalb stand das Haus auch mitten auf der Straße. Dem Henker war es verboten, ein öffentliches Bad zu besuchen oder
sich im Wirtshaus zu den anderen Gästen
zu setzen. Auch bekam er kein »ehrliches«
Begräbnis, sondern wurde – wie die von ihm
gehenkten Verbrecher oder wie Selbstmör-
der – unter dem Galgen verscharrt.*
*Nicht weit entfernt vom Henkershaus stand
das Haus des Pestrauchers. Er hatte die Aufgabe, in Pestzeiten die eingehenden Briefe
und Pakete durch Räuchern von vermeint-
lichen Pesterregern zu befreien.*
Der kleine Fußweg mündet in den St.-Jakobs-
Platz, auf dem bis ins vorige Jahrhundert der
Heumarkt abgehalten wurde. Hier stand eine
öffentliche Heuwaage, auf der die Händler
ihr Heu abwiegen konnten. Schon vor etwa
670 Jahren fand an drei aufeinanderfolgenden
Tagen um Jakobi (25. Juli) die Jakobidult statt.
Sie war ein im ganzen süddeutschen Raum
bekanntes und beliebtes Ereignis.

Von nah und fern kamen Kaufleute, Gaukler und Spielleute hierher zum Jakobsplatz und trieben ihre Geschäfte. Man handelte mit Rosenkränzen und Schmuck, mit Stoffen, Gewürzen, Kerzen, Wundermedizin, scharf gewürzten Speisen und Schmalzgebackenem. Moritatensänger erzählten der staunenden Menge von grausamen oder tieftraurigen Ereignissen, und Marionettenspieler erfreuten Junge und Alte mit ihren Vorführungen. Vor dem Neuhauser Tor fand ein Pferderennen statt. Der Sieger bekam ein kostbares englisches Scharlachtuch, der Verlierer wurde mit einer »Rennsau« getröstet, das war ein Schwein, dem man eine Glocke umhängte und das ein ganzes Jahr lang in der Stadt frei herumlaufen und sich sein Futter suchen durfte.

Gleich linker Hand gibt es noch ein besonders schönes Altmünchner Bürgerhaus zu entdecken, das ungefähr 500 Jahre alte Ignaz-Günther-Haus. Es hat seinen Namen von dem hochbegabten Bildhauer Ignaz Günther. Er war 36 Jahre alt, als er vor fast 250 Jahren das Haus für 4000 Gulden kaufte. Bis zu seinem Tod hat er hier mit seiner Frau und seinen neun Kindern gewohnt und gearbeitet. Die an der Rückseite des Hauses – zum Oberanger hin – angebrachte Madonna ist eines seiner kostbaren Werke.

Falls geöffnet ist, sollten wir über die sogenannte »Himmelsleiter« in den ersten Stock hinaufsteigen, denn dort gibt es – wenn nicht gerade eine Sitzung stattfindet – das »spätgotische Zimmer« zu bewundern. An der linken Wand hängt eine Erklärungstafel, auf der wir mehr über diesen einzigartigen Raum erfahren können.

Hier am St.-Jakobs-Platz befindet sich eines der schönsten Münchner Museen, das Stadtmuseum. Auch für Kinder gibt es dort allerlei Interessantes zu sehen. So zum Beispiel eine Puppentheater- und eine Musikinstrumentensammlung, alte Rüstungen und Waffen oder das Stadtmodell, das der Schreiner Jakob Sandtner aus Straubing angefertigt hat. An ihm können wir bis in alle Einzelheiten erkennen, wie München vor etwa 400 Jahren ausgesehen hat. Das links anschließende hohe Haus mit dem Treppengiebel war in alter Zeit das Stadt- und Zeughaus mit Stallungen, Wagenschuppen und Speicherräumen. Auch wurde hier das städtische Kriegsmaterial aufbewahrt. Bürger, die kein Geld hatten, um sich selbst zu bewaffnen, wurden im Kriegsfall mit den entsprechenden Waffen ausgestattet.

Die südliche Platzfront wird durch die Kirche St. Jakob geschlossen. Sie hat dem Platz seinen Namen gegeben. Dahinter befindet sich das Angerkloster, das heute den Armen Schulschwestern (katholischer Frauenorden) gehört. Man erzählt sich, daß hinter den Klostermauern lange Zeit ein Poltergeist gehaust habe.

Wir gehen an der Eingangsfront des Stadtmuseums entlang, bis wir zur kleinen, links abbiegenden Nieserstraße kommen. Durch sie erreichen wir wieder das Rosental, das uns rechts zum Viktualienmarkt (Viktualien = lateinisch Lebensmittel) führt.

Aufgrund einer »allerhöchsten Entschließung« durch König Max I. vom 2. Mai 1807 wurde der Markt vom Marienplatz zu seinem jetzigen Standort verlegt. Der Marienplatz war zu klein geworden.

Der Viktualienmarkt ist heute einer der beliebtesten Einkaufsorte für Münchner und Gast-Münchner. Hier werden nicht nur Lebensmittel und Blumen verkauft, sondern man kann auch allerlei bayerische Spezialitäten essen, in dem kleinen Biergarten seine Maß Bier trinken und den Maibaum bewundern, der einer der schönsten in ganz München ist.

Der Brauch, einen Maibaum aufzustellen, stammt aus vorchristlicher Zeit. Er war ein Ausdruck der Freude darüber, daß der harte Winter endlich vorbei war und der Frühling ins Land zog. Auch heute noch suchen sich die Burschen eines Ortes oder einer Gemeinde eine besonders gut gewachsene, hohe Fichte aus und schälen den Stamm bis zur Spitze. Dann wird er mit den bayerischen Landesfarben Weiß und Blau angestrichen. Die Mädchen des Dorfes helfen mit, den Baum mit Girlanden, bunten Bändern und Kränzen zu schmücken. An zwei Seiten des Baumes werden geschnitzte, bunt bemalte Bilder befestigt, die Szenen aus dem täglichen Leben des jeweiligen Dorfes oder Stadtteils darstellen. Auch wichtige Gebäude werden gezeigt, die Kirche, ein Bauernhof oder die Schule.

Der liebevoll geschmückte Baum wird dann am Morgen des 1. Mai unter großer Anteilnahme der Bevölkerung aufgestellt. Laute Hauruck-Rufe spornen die Burschen an. Steht der Baum endlich, gehen alle ins Wirtshaus, und am Nachmittag beginnt dann der Maitanz.

Schlecht ergeht es den Burschen, die ihren Maibaum vor dem Aufstellen nicht wie eine Kostbarkeit hüten. Wenn es nämlich den jungen Männern aus der Nachbarschaft gelingt, ihren Maibaum zu stehlen, dann wird der 1. Mai zu einem Tag der Schande. Denn nun müssen sie sich auf die Suche machen. Haben sie ihren Baum endlich gefunden, werden sie verspottet und ausgelacht, und müssen das kostbare Stück mit einer von den Dieben geforderten Menge Bier auslösen. Man kann sich vorstellen, wie streng die Burschen ihren Maibaum vor dem Aufstellen Tag und Nacht bewachen!

Eine Sehenswürdigkeit sind auch die auf dem ganzen Markt verteilten sechs Brunnen. Jeder ist mit der Figur eines bekannten Münchner Originals geschmückt. Da sehen wir den Karl Valentin, die Ida Schumacher, den Weiß Ferdl, den Roider Jackl, die Liesl Karlstadt und die Elise Aulinger. Wie beliebt diese sechs Münchner waren, kann man daran sehen, daß die Marktfrauen die Figuren fast immer mit einem Sträußchen Blumen schmücken.

An der Südwestecke des Marktes, wo heute der Valentinsbrunnen steht, befand sich einst die Roßschwemme, auch Bäckerschnelle genannt, und damit hat es folgende Bewandtnis:

Früher hatte ein Bäcker, der schlechtes oder zu leichtes Brot verkaufte, wahrhaftig nichts zu lachen. Er wurde von wütenden Kunden aus der Backstube geholt und, begleitet von Trommlern und Schaulustigen, zur Roßschwemme gebracht. Unter dem Gejohle und dem Hohngelächter aller Anwesenden wurde der betrügerische Bäcker in einen eigens für diese Strafmaßnahme zwischen zwei Balken angebrachten Korb gesperrt und dreimal ausgiebig unter Wasser getaucht. Noch bis vor etwa 170 Jahren hielt sich dieser ziemlich derbe, aber wirksame Brauch in München.

3. Spaziergang

Weinstraße – Wagenheimer-Passage –
Frauenplatz – Augustinerstraße –
Neuhauser Straße – Karlstor

Ausgangspunkt: Marienplatz

Diesen Platz kennen wir schon von unserem
ersten Rundgang.

Machen wir unseren Spaziergang an einem
Werktag, so widmen wir unsere Aufmerksamkeit, ehe wir den Marienplatz verlassen, dem
Krenweiberl (Kren = Meerrettich) vor dem
großen Kaufhaus an der Ecke Marienplatz/
Kaufingerstraße. Die Frau mit ihrer weithin
duftenden Ware hat hier seit Jahren einen
Stammplatz. Sie gehört zu einer Gruppe von
Händlerinnen, die aus dem fränkischen Städt-
chen Heroldsbach kommen und die bunte
Tracht ihrer Heimatstadt tragen. Da es dort
früher nur wenig und schlecht bezahlte Arbeit
gab, haben viele Frauen in ihren Gärten Meerrettich, Kümmel, Majoran und verschiedene
andere Kräuter und Gewürze angebaut. Nach
der Ernte wurde alles verarbeitet oder auf dem
Dachboden getrocknet. In großen Kraxen wurde die Ware nach München oder in andere
Orte gebracht und dort verkauft. Bis heute
hat sich dieser liebenswerte Brauch erhalten,
obwohl einige der Kräuter nicht mehr vor Ort
angebaut werden, sondern vom Großhändler
stammen.

Wir gehen nun in die Weinstraße. Sie war, seit

München besteht, die wichtigste Straße für allen Transport in Richtung Norden. Wegen des starken Verkehrs war sie schon seit Gründungszeiten gepflastert, damals eine Seltenheit. Ihren Namen hat sie von den Weinhändlern, die hier ihre Weinfässer lagerten und zum Verkauf anboten. Nach wenigen Schritten biegen wir links in die Wagenheimer-Passage ein. In dem kleinen Innenhof, der im Sommer mit Tischen und Stühlen des Cafés vollgestellt ist, sehen wir den besonders hübschen kleinen Brunnen »Vater und Sohn«. Daneben, an der Hauswand angebracht, erinnert eine weiße Marmortafel an ein tragisch-glückliches Ereignis, das sich hier vor ungefähr 200 Jahren abgespielt hat.

In dem Haus, das damals hier am Thiereckgaßl stand, hatte der aus Straubing stammende Joseph Fraunhofer seine Lehre als Spiegelmacher begonnen. Er war das letzte von elf Kindern und mit zwölf Jahren bereits Vollwaise. Da nach dem Tod der Eltern niemand mehr für die kleineren Kinder sorgen konnte, wurden sie auseinandergerissen und auf verschiedene Stellen verteilt. So kam Joseph hierher nach München. Der Junge führte ein Leben in bitterster Armut und hoffnungsloser Einsamkeit, bis im Jahre 1801 ein fürchterliches Unglück geschah, das für Joseph zur großen, glücklichen Wende in seinem Leben führen sollte:

An einem schönen Sommertag stürzte das Haus des Glasermeisters ein und begrub alle Bewohner unter sich. Mit der schnell herbeige-

holten Rettungsmannschaft erschienen auch Kurfürst Maximilian, der spätere König Max I., und sein Referendarius Utzschneider am Un- glücksort. Als nach dem Meister auch sein Lehrling Fraunhofer fast unversehrt aus den Trümmern geborgen werden konnte, war der Kurfürst so gerührt und glücklich, daß er dem Jungen seine ganze Barschaft von 88 Gulden schenkte – damals ein kleines Vermögen. Außerdem beauftragte er Utzschneider, sich fortan um Fraunhofer zu kümmern. Nun bekam der Junge eine hervorragende Ausbildung und stieg, dank seiner Tüchtigkeit und seines Kön- nens, schnell und unaufhaltsam zum erfolg- reichen Optiker auf. Er konstruierte ein Fern- rohr, das ihn in ganz Europa berühmt machte. Dann gründete er ein eigenes Institut und wurde Professor und Ehrenbürger von Mün- chen. Die Erfindung des ersten großen Tele- skops trug seinen Namen in die Welt. Leider starb der große Erfinder viel zu früh. Er war erst 39 Jahre alt, als er der Lungenschwindsucht erlag.

Im nächsten Innenhof können wir bereits einen Blick auf das gewaltige Dach der Frauenkirche werfen. Die Anordnung der vielen kleinen Fen- ster läßt erkennen, daß der Dachboden drei Etagen hat. Um den Dachstuhl zu fertigen, benötigte der Zimmermann Heinrich von Straubing 2 100 Baumstämme.

Durch einen Torbogen hindurch kommen wir zur Frauenkirche. Sie ist das in der ganzen Welt bekannte Wahrzeichen von München.

Vorbei an der Zamperl-Trinkstelle erreichen wir die Turmseite mit dem großen Eingangstor. An der modernen Brunnenanlage, aus der bronzene Pilze ragen, lassen wir uns nieder und bestaunen den großen Bau.

Die beiden in den Himmel ragenden Türme haben unterschiedliche Höhen: der eine ist 99 Meter, der andere 98 Meter hoch. Könnt ihr euch vorstellen, wie groß die Uhren sind? Die Ziffern sind 1 Meter hoch, die kleinen Zeiger 2,80 Meter, die großen 3,80 Meter.

Jörg von Halspach, auch Ganghofer genannt, hat die Kirche vor über 500 Jahren geplant, und unter seiner Leitung wurde sie errichtet. Er verwendete dazu Ziegelsteine aus Berg am Laim, Sand und Kies aus Haidhausen und Holz aus dem Isarwinkel.

Nach zwanzigjähriger Bauzeit war die Kirche fertig und die Türme soweit errichtet, daß nur noch die Spitzen aufgesetzt werden mußten. Doch jetzt hatten die Münchner kein Geld mehr, obwohl die Handwerker, die an der Kirche arbeiteten, nicht besonders viel verdienten. Ein Meister bekam etwa 26 Pfennige täglich, ein Geselle 24 Pfennige und ein Hilfsarbeiter 9 Pfennige. Allerdings kostete damals ein Pfund Rindfleisch auch nur 2 Pfennige und eine Maß Bier 1 bis 2 Pfennige.

Erst 36 Jahre später, Meister Jörg war bereits gestorben, hatte man endlich das Geld für die Turmspitzen. Die Stadtväter hörten in dieser Zeit von einem neuen Baustil, der aus Italien kam. Sie machten sich auf den Weg nach

Augsburg, um die dortigen, in diesem neuen Renaissancestil erbauten Turmhauben zu begutachten. Das Urteil war einstimmig: Die Frauenkirche soll auch solche welschen (= fremden), runden Hauben bekommen. Gesagt, getan, und es dauerte nicht mehr lange, bis die Frauenkirche vollendet war.

Nun, da die Türme fertig waren, brauchte man natürlich noch eine Glocke, denn in damaliger Zeit hatten die Glocken eine wichtige Aufgabe. Sie riefen nicht nur zum Gottesdienst, zum Trauern und zum Feiern, sondern auch zum Feuerlöschen und zur Verteidigung. Da erinnerte sich Herzog Albrecht an die besonders schöne und große Salve-Glocke, deren gewaltiges Läuten ihn bei einem Besuch in Regensburg sehr beeindruckt hatte. Und weil sich die Regensburger freiwillig unter die Herrschaft des bayerischen Herzogs begeben hatten, befahl Herzog Albrecht, die Glocke vom Regensburger Dom nach München zu holen. Die Bürger von Regensburg waren darüber sehr erbost, denn sie wollten ihre Glocke behalten. Darum fand sich auch lange niemand, der den Befehl ausführte, weder Münchner noch Regensburger. Und so mußte der Herzog fremde Arbeiter anstellen, um den Auftrag ausführen zu lassen. Aber schon auf dem Transport passierten allerlei unheimliche Dinge. Der Schiffer, der die Glocke auf seinem Boot gefahren hatte, verunglückte tödlich. Die Pferde, die die Glocke das letzte Stück auf einem Wagen zogen, brachen vor dem Wagen zusammen. Doch trotz aller Hindernisse war die Glocke endlich an der Kirche angekommen. Da passierte wieder etwas Seltsames. Obwohl die Glocke streng bewacht wurde, rückte sie jede Nacht ein paar Zentimeter in Richtung Regensburg. Der Herzog jedoch ließ sich von all diesen unheimlichen Vorfällen nicht beeindrucken. Die Glocke wurde auf den südlichen Turm gezogen. Doch von diesem Augenblick an war es auf dem Turm nicht mehr geheuer. Von der Glocke erklangen oft seltsame, wehmütige Töne, und am Weihnachtsabend des gleichen Jahres soll sie beim Läuten von oben bis unten zersprungen sein.

Durch das Hauptportal betreten wir nun den Dom. Nach wenigen Schritten sehen wir auf dem Fußboden in einer der Steinplatten einen Fußabdruck. Dieser soll, so berichtet die Sage, vom Teufel stammen:

Jörg von Halspach hatte, bevor er sein schwieriges Werk begann, mit dem Höllenfürsten einen Pakt geschlossen, damit dieser ihm beim Bau behilflich sei. Meister Jörg mußte dafür versprechen, das Gotteshaus ohne Fenster zu errichten. Der schlaue Teufel glaubte nämlich, daß kein Mensch in ein Gotteshaus ohne Fenster zum Beten gehen würde. Fleißig unterstützte er den Bau, schuftete und plagte sich nach Kräften. Seinen Freund, den Wind, holte er auch noch zu Hilfe. Als der Bau endlich fertig war, beobachtete der Höllenfürst erstaunt und verärgert, daß viele Menschen zum Beten in die Kirche strömten. Wütend *rannte er zu Meister Jörg und forderte dessen Seele. Der aber entgegnete ihm pfiffig: »Komm mit und überzeuge dich selbst: Die Kirche hat keine Fenster.« Er führte den Teufel zu einer Stelle in der Nähe des Eingangs, weiter durfte der Höllenfürst nicht, da die Kirche schon geweiht war, und fragte scheinheilig: »Nun schau, ob du irgendein Fenster siehst.« Der Teufel reckte seinen dünnen Hals so weit er nur konnte, aber kein Fenster war zu ent- decken, denn auch dasjenige, das wir heute von dieser Stelle aus sehen können, war von den Aufbauten des Hochaltars völlig verdeckt. Da stampfte der Teufel vor Wut so fest auf, daß sich der Tritt in den Stein eindrückte und fuhr zur Hölle zurück. Vor lauter Aufregung vergaß er, dem Wind Bescheid zu sagen, und so saust dieser bis heute noch um die Kirche herum.*

In der Kirche halten wir uns rechts und kom- men zum prächtigen Grabmonument Kaiser Ludwigs des Bayern. Bestaunen wir die über- lebensgroßen knienden Bronzeritter mit Tur- nierlanzen und kaiserlichen Fahnen, die das Grabmal bewachen. Des Kaisers kostbar gekleideter Nachfahre Albrecht V. hat kriege- risch das Schwert gezogen. Durch eine Öff- nung können wir auf die rote Marmorplatte blicken, die das würdevolle Antlitz des Kaisers zeigt.

Ludwig der Bayer lebte vor etwa 700 Jahren. Er kam in München im Alten Hof zur Welt. Aus diesem Grunde verlieh er den Münchnern vie- le besondere Rechte. So durften sie zum Bei-

spiel die Farben des Reiches Schwarz und Gold (heute Gelb) in ihr Stadtwappen aufnehmen. Obwohl Ludwig 33 Jahre lang als Kaiser regierte, war er selten zu Hause in München. Sein Reich war für damalige Begriffe riesig, und er war fast das ganze Jahr zu Pferd unterwegs, um überall für Recht und Ordnung zu sorgen.

Wir gehen nun an der rechten Seite der Kirche entlang. Unser besonderes Augenmerk richten wir auf die wunderschönen Gitter, die seit der Renovierung im Jahre 1995 vor allen Seitenkapellen im Kirchenrund zu sehen sind. Wahre Kunstwerke wurden hier mit dem Hammer aus heißem Eisen geschmiedet. Jedes Gitter ist anders, trägt ein anderes Symbol oder eine besonders kunstvolle Verzierung.

So können wir zum Beispiel vor der dritten Kapelle ein prächtiges Wappen bewundern, das neben Doppeladler, Krone, Reichsapfel und heiligem Schwert auch eine Brez'n zeigt. Es ist das Wappen der Münchner Bäcker und schmückt das Gitter der Bäckerkapelle. Und das hängt so zusammen:

Die Münchner Bäcker hatten in einer großen Schlacht ihrem Kaiser aus großer Not geholfen. Es stand nämlich schlecht um die Bayern, und zu allem Übel war der Kaiser auch noch in seiner schweren Eisenrüstung vom Pferd gestürzt. Da eilten ihm die tapferen Münchner Bäcker zur Hilfe. Sie hoben ihn wieder in den Sattel, packten unerschrocken die bayerische Fahne und stürmten »Rittern gleich« voran gegen die feindlichen Österreicher. So viel Mut gab auch den anderen Soldaten Kraft, und tatsächlich konnten die Bayern die Schlacht gewinnen. Der Kaiser erwies sich dankbar. Nach München zurückgekehrt, erlaubte er den Bäckern, ihr Brez'nwappen mit den Reichsinsignien zu schmücken. Außerdem schenkte er ihnen im Tal (Ecke Hochbrückenstraße) ein Haus, das Bäckerbruderschaftshäusl.

Das Gitter, das die sechste Seitenkapelle versperrt, trägt als Symbol einen Fisch mit einem Schlüsselbund. Dies weist darauf hin, daß es sich hier um die Bennokapelle handelt. Sie ist geschmückt mit der Silberbüste des heiligen Benno, dem Schutzpatron der Münchner und der Bayern. In den Händen hält er den Bischofsstab und ein Buch, auf dem ebenfalls ein Fisch und ein Schlüssel liegen. In dem Schränkchen unter der Büste befindet sich in einer perlenbestickten Seidenumhüllung der Schädel des heiligen Benno.

Benno lebte vor fast 1000 Jahren als Bischof in der Stadt Meißen. Als er mit dem Kaiser in Streit geriet, wurde er abgesetzt und mußte die Stadt verlassen. Doch zuvor verschloß Benno die Kirchentür und warf den Schlüssel in die Elbe. Er wollte ganz sicher sein, daß der Kaiser während seiner Abwesenheit die Kirche nicht betreten konnte. Als sich Benno nach längerer Zeit mit dem Kaiser ausgesöhnt hatte, kehrte er nach Meißen zurück. Unerkannt stieg er in einem Gasthaus ab. Zum Abendbrot bestellte sich Benno ein Fischgericht und ent-

deckte zu seiner größten Verwunderung im Bauch des Fisches die Kirchenschlüssel.

Die beiden knienden Knaben, die wir in den Glaskästen an der rechten Kapellenwand sehen, sind die Söhne von Kurfürst Maximilian. Er ließ sie in Wachs modellieren und hier aufstellen, um sie dem Schutz des heiligen Benno anzuvertrauen.

Die letzte, sogenannte Scheitelkapelle liegt hinter dem schönsten Gitter der Kirche. Kunstvolle Rosenranken überziehen die ganze Fläche. Das Licht der Kerzen, die den ganzen Tag über auf dem Tisch vor der Kapelle brennen, läßt das Gold der Blüten und Blätter in warmem, festlichem Glanz erstrahlen.

Das gewaltige, 18 Meter hohe Glasfenster der Kapelle ist eines der wertvollsten und schönsten der Kirche. Der berühmte Meister Hemmel von Andlau schuf es vor über 500 Jahren. Die reiche Familie Scharfzandt bezahlte es und gab dem Fenster so ihren Namen. Aus 120 Einzelteilen setzte der Meister dieses herrliche Kunstwerk zusammen, dessen ganze Pracht wir besonders dann genießen können, wenn Sonnenlicht durch das bunte Glas fällt.

Wer Lust hat, kann jetzt über die Treppe hinuntersteigen in die Krypta. Im Laufe von vielen hundert Jahren wurden hier mehrere hochgeborene Mitglieder des Hauses Wittelsbach begraben. Außerdem Adelige, Patrizier und Erzbischöfe aus München. Der schlichte Raum ist in unserer Zeit umgebaut worden. Der Hauptschmuck ist das moderne Bild, das die Passionsgeschichte zeigt und in der Mitte die Muttergottes mit ihrem toten Sohn Jesus. Dieses soll ein Gleichnis sein für die vielen Mütter, die ihre Söhne im Krieg verloren haben.

Wieder oben angelangt, gehen wir unseren Rundgang weiter und kommen an der Sebastianskapelle vorbei. Ihr Gitter ist mit einer Armbrust geschmückt, da der heilige Sebastian von seinen Feinden mit Pfeilen durchbohrt und fast getötet wurde.

Die über 10 Meter hohe Uhr aus dunklem Holz ist schon 500 Jahre alt. Das Besondere an ihr ist eine Automatik. Immer zur Mittagszeit bewegen sich die drei Figuren unter dem Zifferblatt: Gottvater zieht sein Schwert aus der Scheide, um die sündigen Menschen zu bestrafen. Jesus und Maria heben die Arme und bitten Gott um Vergebung für die Sünder. Dieser läßt sich erweichen und steckt das Schwert wieder ein.

In der Hofbruderschaftskapelle, die an die Sakramentskapelle anschließt, sehen wir drei beeindruckende Männergestalten; als ersten von rechts den heiligen Georg. Dieser tapfere Ritter steht in prächtiger, goldener Rüstung furchtlos auf dem unheilbringenden Drachen, den er besiegt hat. Der Ritter in der schwarzen Rüstung ist der heilige Rasso, ein Graf aus dem Geschlecht der Herren von Dießen-Andechs. Den heiligen Christophorus, ganz links, kennen wir alle, er ist der Schutzpatron der Reisenden. Über sein Leben erzählt man sich folgendes:

Auf der Suche nach einem erfüllten, sinnvollen Leben hatte der große und außerordentlich kräftige Offerus die Aufgabe übernommen, Menschen über einen breiten, reißenden Fluß zu tragen. Eines Nachts, er hatte sich nach getaner Arbeit in seiner Hütte schon schlafengelegt, hörte er ein Kind rufen. Als er hinaustrat, bat es, über den Fluß getragen zu werden. Zunächst hatte Offerus kein Problem mit seiner leichten Last. Doch je tiefer er in das Wasser hineinwatete, um so schwerer wurde das Kind, bis Offerus schließlich fast die Kräfte verließen. Da tauchte ihn das Kind unter Wasser und sprach: »Mehr als die ganze Welt hast du getragen, du hast den getragen, der sie erschaffen hat.« Da wußte Offerus, daß er Christus auf seinen Schultern trug. Als er, am anderen Ufer angekommen, mit seinem Stock die Erde berührte, begann dieser zu sprießen und zu grünen. Offerus nahm den Namen Christophorus (= Christusträger) an, verließ seine Hütte am Fluß und trug die christliche Lehre als Missionar zu den Heiden.

In der vorletzten Kapelle, der sogenannten Korbinianskapelle, sehen wir an der linken Wand zwei große, behauene Steine auf der Erde liegen. Es sind der erste und der letzte gesetzte Stein der Frauenkirche. Sie haben hier, nach der Zerstörung der Kirche durch Bomben im Zweiten Weltkrieg, einen Ehrenplatz gefunden.

Die letzte Kapelle gehörte der reichen Münchner Familie Barth. 452 Jahre lang waren sie im

Münchner Rat vertreten, einer von ihnen brachte es sogar bis zum Bürgermeister. Ihr Geld verdienten sie vor allem mit dem Holz- und Messinghandel, aber auch als Weinschenke. Auf drei der prächtig geschmückten Totenschilde und auf der Marmorplatte an der Wand sind Männer aus der Familie Barth dargestellt. Sehr beeindruckend sehen sie aus mit ihren gewaltigen Bärten und den kahlen Köpfen.

Am Haupteingang angekommen, gehen wir im Mittelgang wieder in die Kirche hinein bis unter das riesige Kreuz, das von der Decke hängt. Von hier aus haben wir einen guten Blick auf die Orgel. Sie mißt vom Fußboden bis zur Spitze 18 Meter und hat damit die gleiche Höhe wie ein fünfstöckiges Haus. 7 165 Pfeifen machen diese »Königin der Instrumente« zu einer Besonderheit.

Schauen wir noch einmal hinauf zur hohen Decke, die sich wie ein Sternennetz über den Kirchenraum zieht. Bei genauem Hinsehen können wir dort, wo die Netzrippen beginnen, kleine Köpfe entdecken, die man Kragköpfe nennt. Sie zeigen Handwerker, die an der Kirche ihre anstrengende und gefährliche Arbeit leisteten und die sich dort oben – dem lieben Gott ein bißchen näher als alle anderen – verewigt haben.

Wir verlassen die Kirche und gehen in die geschwungene Augustinerstraße. An ihr können wir noch den Verlauf der ersten Stadtmauer erkennen, die einst die Stadt umschloß.

So erreichen wir die Kaufingerstraße, die von hier ab Neuhauser Straße heißt. Ein Stückchen links in Richtung Marienplatz stand einst der Schöne Turm, dessen Umrisse noch heute auf dem Pflaster zu erkennen sind. An einem Pfeiler des Hauses, das linker Hand steht, ist der Schöne Turm auf einer Tafel abgebildet. Nun wissen wir, warum er der Schöne Turm hieß, denn er war von oben bis unten reich verziert. Schauen wir auf die Ecke des Hauses, so erblicken wir, in Stein gehauen, einen Mann, der einen Turm auf seinem Rücken trägt. Es ist »der Goldschmied mit dem Schönen Turm«:

Nicht lange, nachdem Kaiser Ludwig der Bayer gestorben war, lebte in München ein Goldschmied, der gleich neben dem Schönen Turm seine Werkstatt hatte. Eines Tages kam ein fremder, vornehmer Herr zu ihm und brachte ein kostbares Geschmeide mit. Er bat den Goldschmied, ihm ein gleiches zu fertigen. Dieser sagte mit Freuden zu und ging sogleich ans Werk.

Wie andere Leute auch, öffnete er an warmen Tagen das Fenster seiner Werkstatt, hatte das Geschmeide vor sich liegen und schaffte fleißig. Als er eines Tages vom Mittagsmahl zurückkam, sah er mit Entsetzen, daß das ihm anvertraute Geschmeide verschwunden war. Da half kein Fragen und kein Suchen, es war nicht mehr auffindbar. In größter Angst rannte er zu dem fremden Herrn und berichtete von seinem Unglück. Dem kam die Sache sehr sonderbar vor, und er verklagte den Gold-

schmied wegen Diebstahls. Der Arme wurde verhaftet und vor Gericht geschleppt. Obwohl er verzweifelt seine Unschuld beteuerte, glaubte ihm niemand. Er wurde schuldig gesprochen und hingerichtet.

Einige Wochen danach mußte am Schönen Turm das eine oder andere repariert werden. Die Handwerker kamen und legten Hand an. Kaum hatten sie am Erkerfensterlein ein paar Würfe mit der Kelle getan, flog eine Dohle (taubengroßer Rabenvogel) heraus. Ein Handwerker schaute hinein, sah das Nest der Dohle und glaubte, darin etwas schimmern zu sehen. Als er genauer hinsah, lag darin ein herrliches Geschmeide. Sofort dachte er an den Goldschmied und bekam einen solchen Schrecken, daß er beinahe vom Gerüst gestürzt wäre. Auf schnellstem Wege brachte er das Schmuckstück zum Gericht, und in der ganzen Stadt verbreitete sich die traurige Nachricht, daß der arme Goldschmied unschuldig sein Leben hatte lassen müssen.

Wir gehen rechts in die Neuhauser Straße, die zum Stachus führt. Früher war sie die westliche Ausfahrtstraße zum Dorf Neuhausen, das heute ein Stadtteil von München ist.

Entlang der rechten Seite der Neuhauser Straße verteilen sich mehrere Kirchenbauten, die in ganz Europa berühmt sind.

Da ist zunächst die ehemalige Augustinerkirche, die zum Deutschen Jagdmuseum umgebaut wurde. Dieses umfassende Museum zur Geschichte der Jagd ist sehenswert. Es enthält eine weltberühmte Geweihsammlung, Hieb-, Stich- und Feuerwaffen und andere Jagdgeräte. Einmalig in Deutschland ist sicher auch eine bayerische Spezialität, die reichausgestattete Wolpertinger-Sammlung. Ihr wißt nicht, was ein Wolpertinger ist? Dann geht doch einfach mal hinein und schaut's euch an.

Gleich nebenan steht die Michaelskirche. Die kostbare Renaissancekirche wurde vor über 400 Jahren erbaut. Sie hat das zweitgrößte Tonnengewölbe der Welt, es ist 20 Meter breit und 28 Meter hoch. Als dieses kühne Bauwerk fertiggestellt war, hatten die Münchner Zweifel wegen seiner Haltbarkeit und trugen ihre Bedenken dem Herzog vor. Da befahl dieser, eine Kanone in die Kirche zu schaffen und einen Schuß abzufeuern. So geschah es, und zur größten Verwunderung aller hielt das Gewölbe stand. Die Statuen an der Fassade stellen bayerische Herzöge und deutsche Kaiser dar. Die bedeutendste und kostbarste Figur ist der bronzene Erzengel Michael zwischen den beiden Eingangstoren. Der Engel tötet einen Drachen, der den Teufel oder das Böse symbolisiert. In dieser Kirche hat, neben anderen Wittelsbachern, auch der bayerische »Märchenkönig« Ludwig II. seine letzte Ruhe gefunden.

An die Michaelskirche schließt die Alte Akademie an. Hier war einst der katholische Jesuitenorden mit einem berühmten, hochangesehenen Bildungsinstitut zu Hause. Vor der

langgestreckten Anlage steht der Salome-
brunnen. Die 6 Meter hohe Bronzesäule ist mit
Szenen und Texten aus der Oper »Salome«
geschmückt und trägt die Inschrift: »Richard
Strauß zu Ehren«. Er hat die Oper komponiert.
Bei der Hausnummer Neuhauser Straße 12
(Bettenrid) zweigt rechts die kleine Kapellen-
straße ab. Hier bleiben wir stehen und lenken
unseren Blick auf die andere Straßenseite und
hinauf zum Dach des traditionsreichen »Augu-
stinerbräu«. Vier steinerne Löwen halten auf
den unterschiedlichen Dachebenen Wache.
Wer mag sie dort wohl hingesetzt haben?
Der Augustinerbräu ist das letzte von drei
Brauhäusern, die viele hundert Jahre in der
Neuhauser Straße ihren Platz hatten.
Originell ist auch das anschließende niedrige
Haus. Es ist durch Illusionsmalerei phantasie-
voll geschmückt. Daß die Frauen und die beiden Katzen, die aus den Fenstern auf die
Straße schauen, nicht echt sind, kann man nur
erkennen, wenn man genau hinschaut.
Leicht zu übersehen ist die dritte Kirche dieser
Straße, die sich ganz unauffällig in die Häuser-
reihe einfügt. Es ist der sogenannte Bürgersaal
mit einer Ober- und einer Unterkirche. Heute
erinnert alles in der Kirche an Pater Rupert
Mayer. Er war ein besonders mutiger und auf-
rechter Christ, der sich in schweren Zeiten
immer wieder für seine Mitmenschen eingesetzt hat.
Bevor wir nun das Karlstor erreichen, stoßen
wir rechts auf das Brunnenbuberl. Diese lie-

benswerte Brunnengruppe stand früher auf dem Karlsplatz. Als dieser wegen des enormen Verkehrsaufkommens umgebaut wurde, mußte das Brunnenbuberl weichen und fand hier in der Fußgängerzone einen besonders hübschen Platz. Auf der Weltausstellung 1893 in Paris hat sein Erschaffer Mathias Gasteiger für dieses Kunstwerk eine Goldmedaille erhalten. Die Münchner teilten diese Begeisterung zunächst keineswegs, denn bei vielen Leuten erregte das Buberl wegen seiner Nacktheit Anstoß. Um die erhitzten Gemüter zu beruhigen, schlug Prinzregent Luitpold vor, die Figur mit einem Feigenblatt zu versehen oder sie gar in ein Mädchen umzuwandeln. Der Künstler ließ sich jedoch zu keiner Veränderung überreden.

Wenden wir unseren Blick noch einmal nach oben. Auf den Giebeln des großen Kaufhauses stehen zwei besonders prächtige, große Koggen (Handelsschiffe). Sie sind ein altes Handelssymbol. Die Frauenfigur in der Mitte trägt ein Wappen.

Am Karlstor endet die 1971 geschaffene Fußgängerzone. Dieses Tor wurde vor über 700 Jahren erbaut, mehrmals zerstört und umgebaut.

Unter dem mittleren der drei Torbögen sehen wir vier Köpfe (Kragköpfe) aus der Decke ragen. Sie gehören Münchner Originalen, die zu ihrer Zeit in der Stadt allseits bekannt und beliebt waren. Einer stellt den Liebesbriefträger Finessen-Sepperl dar, der durch seinen ständigen Spruch: »Nix Gwiß' woaß ma net« berühmt wurde. Ein anderer Kopf zeigt den »Baron« Sulzbeck, der im Hofbräuhaus Kapellmeister war und die Baßgeige spielte. Der dritte ist der Lohnkutscher Franz Xaver Krenkl, der auf einer Spazierfahrt durch den Englischen Garten mit seinem Gespann die Kutsche des Königs überholte, obwohl dies strengstens verboten war. Dabei rief er dem überraschten König auch noch übermütig zu: »Wer ko, der ko!« Dieser Spruch ist bis heute eine beliebte Redewendung in München geblieben. Der vierte im Bunde ist der Hofnarr Prangerl.

Die drei musizierenden Kinderfiguren an der rechten Torwand standen früher auf dem Fischbrunnen am Marienplatz. Nach der Zerstörung und Neugestaltung des Brunnens haben sie hier einen Platz gefunden.

Hinter dem Karlstor liegt der Karlsplatz. Für die Münchner war er immer nur der Stachus, so genannt nach dem Gastwirt Eustachius Föderl, der vor 250 Jahren auf diesem Platz eine Gastwirtschaft betrieb. Der große runde Springbrunnen grenzt die Fußgängerzone vom Stachusverkehr ab.

4. Spaziergang

Fischbrunnen – Burgstraße – Hofgraben – Schrammerstraße – Marienhof – Residenzstraße – Max-Joseph-
Platz – Perusastraße – Theatinerstraße – Weinstraße – Marienplatz

Ausgangspunkt:
Marienplatz – Fischbrunnen

Nachdem wir uns am Marienplatz auf unserem
ersten Rundgang schon genau umgesehen
haben, gehen wir heute gleich in die Burgstraße. Sie zieht sich in einem gut erkennba-
ren, leichten Bogen vom Alten Rathaus bis
zum Alten Hof. So kann man heute noch den
Verlauf der ersten Stadtmauer erkennen.

Nach kurzer Zeit kommen wir zum Weinstadl
(Haus Nr. 5) auf der linken Seite. Dies ist das
älteste noch erhaltene Bürgerhaus Münchens.
Es wurde vor etwa 440 Jahren erbaut und
diente viele Jahre lang als Stadtschreiberei
und als Amt für die Isargoldwäscherei. Hier, im
ersten Stock, saß der Stadtschreiber in seiner
niedrigen Stube und trug mit einem Gänsekiel
alle Geschehnisse in ein dickes Buch ein. Er
war einer der einflußreichsten Männer der
Stadt, und nur ein studierter Jurist durfte diesen Posten einnehmen. Das Erdgeschoß und
die mächtigen Kellergewölbe dienten schon
damals als städtischer Weinstadl.

Zu beiden Seiten des Daches sehen wir abge-
schrägte Halbgiebel, die man in München

»Ohrwaschln« nennt. Durch sie wurden mit einer Seilwinde, die an dem heute noch vorhandenen Balken befestigt war, Waren zum Trockenlagern auf den Dachboden gezogen. Die Fassade des Hauses ist mit Lüftlmalerei verziert. Der Name »Lüftlmalerei« kommt vielleicht daher, daß der Künstler sein Werk in luftiger Höhe ausführen mußte. Die Bilder sind in Fresko-(= frisch)Manier gemalt. Das ist eine ganz besondere Art des Malens. Auf den frischen, noch nassen Putz werden die Farben aufgetragen, die sich dann unlösbar mit dem Putz verbinden. Weil der Putz so schnell trocknet, kann immer nur ein kleines Stück Malerei in Angriff genommen werden. Der Künstler muß also morgens schon entscheiden, wieviel er an einem Tag schaffen kann. Auch muß er sehr viel Erfahrung in dieser Malart haben, denn die Farben verändern sich, sobald der Putz auftrocknet.

Auf der rechten Straßenseite kommen wir nun zum Schlichtinger-Bogen. Er verbindet die Burgstraße mit der Lederergasse. Man erzählt sich, daß vor fast 600 Jahren Münchner Bürger zum Bau dieses Durchbruchs durch die Stadtmauer verurteilt worden seien. Es sei die Strafe dafür gewesen, daß sie einen Mitbürger eigenmächtig und zu Unrecht gefangengenommen und hingerichtet hatten.

Eine Tafel am angrenzenden Haus weist darauf hin, daß hier früher der Falkner wohnte und arbeitete. Die Jagd mit dem Falken war lange Zeit eine sehr beliebte Freizeitbeschäftigung der adeligen Herren und ausschließlich diesen vorbehalten. Der Falkner mußte mit viel Geschick, Wissen und Zeitaufwand die Raubvögel züchten und für die Jagd abrichten.

Wo die Altenhofstraße auf die Burgstraße stößt (heute Parkplatz) befand sich einst der berühmte Löwenzwinger der bayerischen Herzöge. Man liebte es, sich mit diesen starken Tieren aus einem fernen, fremden Land zu schmücken, denn sie waren Sinnbilder für Macht, Reichtum und Stärke. Herzog Albrecht, der vor etwa 400 Jahren lebte, spazierte sogar mit einem zahmen Löwen durch Münchens Gassen. Verständlicherweise war dies den Bürgern nicht geheuer, und wer den beiden begegnete, wich respektvoll zur Seite.

Durch den südlichen Torturm betreten wir nun den Alten Hof. Ruhen wir uns an diesem ruhigen, idyllischen Platz ein bißchen aus, denn über die 700 Jahre alte Burg und seine Bewohner gibt es eine Menge zu erzählen.

Ludwig der Strenge ließ sie als seine »Ludwigsburg« erbauen. Damals verlief hier die Stadtgrenze, und weil die Herzöge mit ihren Bürgern nicht immer in Frieden lebten und Aufstände befürchteten, ließen sie unter der Burg Fluchtgänge anlegen. Durch diese konnten sie notfalls ungehindert die Stadt verlassen.

Vor über 700 Jahren ist in diesen alten Mauern Kaiser Ludwig der Bayer zur Welt gekommen. Aus seinen Babyjahren erzählt man sich folgende Geschichte:

Der Vater von Ludwig besaß ein zahmes Äff-

chen, das in der ganzen Burg frei herumlaufen durfte. Es war bei den Bewohnern der Burg sehr beliebt, denn es erfreute alle mit seinen komischen Späßen. So hatte das Äffchen auch oft zugesehen, wie die Amme den kleinen Ludwig auf dem Arm hielt und hin- und herschaukelte. Als die Amme einmal für kurze Zeit das Zimmer verließ, hob der Affe das Baby aus seinem Bettchen, warf es ein wenig in die Luft und fing es wieder auf, geradeso wie er es bei der Amme gesehen hatte. Als diese ins Zimmer zurückkam und sah, was das Äffchen mit dem Baby anstellte, schrie sie vor Entsetzen. Darüber erschrak nun wieder der Affe so sehr, daß er das Kind ganz fest an sich drückte und davonraste, die Amme und andere Bedienstete hinterher. Die wilde Jagd ging durch die ganze Burg bis hinauf auf den Dachboden. Dort war unglücklicherweise eine Dachluke offen. Durch diese schlüpfte der Affe mit dem Baby hindurch und kletterte in seiner Angst auf die Turmspitze. Dort saß er nun zitternd und umklammerte das Baby.
Jetzt liefen alle in den Hof, holten Decken und Kissen und breiteten sie auf dem Boden unter dem Turm aus. Auch der Herzog und die Herzogin standen schreckensbleich dabei. Weil nun alle vor lauter Angst ganz still geworden waren, beruhigte sich das Äffchen wieder. Nach einer Weile schlüpfte es durch die Dachluke zurück ins Haus und legte den kleinen Prinzen wieder in sein Bettchen. Da lachten und weinten alle vor Freude.

Das oben und unten spitze Türmchen, auf das sich der Affe geflüchtet hatte und das wie ein Schwalbennest an der südlichen Mauer hängt, heißt bis heute das »Affentürmchen«.

Wie ist es dem kleinen Ludwig wohl ergangen, der hier in der bescheidenen Burg zu München das Licht der Welt erblickte und später zum mächtigen Kaiser des Heiligen Römischen Reiches Deutscher Nation aufstieg?

Bis zu seinem zwölften Lebensjahr lebte Ludwig hier im Alten Hof; zunächst unter der Obhut der Frauen. Die Kinder spielten mit Stecken- und Schaukelpferd, mit Bällen und Murmeln oder vergnügten sich mit Blindekuh- und Versteckspielen. Mit sieben Jahren begann für Ludwig der Ernst des Lebens. Ein Zuchtmeister gab ihm nun regelmäßig Unterricht in Bescheidenheit und Selbstbeherrschung, im Tanzen und in höfischen Spielen, in Musik und Dichtung. Ganz selbstverständlich wurde zu gegebener Zeit die Rute eingesetzt.

Mit zwölf Jahren kam der junge Ludwig zur Erziehung nach Wien. Dort erlernte er das Schwimmen, den Ringkampf, das Klettern, die Falkenjagd, den Speer zu werfen und mit dem Bogen zu schießen. Ganz besonders großer Wert wurde auf sicheres Reiten gelegt, denn selbst weiteste Strecken mußten damals im Sattel zurückgelegt werden. Ein Mann mußte in der Lage sein, das Pferd nur mit den Schenkeln zu beherrschen, denn sowohl auf der Jagd als auch in der Schlacht oder beim Tur-

nier benötigte er seine Hände für Schwert und Schild oder für Pfeil und Bogen.
Als Ludwig 32 Jahre alt war, wurde er zum Kaiser gekrönt. Von den 33 Jahren seiner Regierungszeit hat er nur etwa sechs Jahre in München verbracht. In der übrigen Zeit war er mit seinem Gefolge zu jeder Jahreszeit in Regierungsgeschäften in ganz Europa unterwegs, und das auf staubigen oder matschigen Straßen, bei Sonne und Regen, bei Kälte, Schnee und Eis.

Der Erbauer der Burganlage war Herzog Ludwig II., der wegen einer besonders verruchten Tat mit dem Beinamen »der Strenge« bedacht wurde:

Während er in Regierungs- und Kriegsgeschäften viel im Lande umherzog, war seine Gemahlin Marie von Brabant oft allein. Dies beunruhigte den äußerst mißtrauischen Ludwig, denn Marie war jung und schön. Durch das unglückliche Vertauschen zweier Briefe entstand der Verdacht, Marie habe ihren Gemahl mit einem anderen Mann betrogen. Ludwig, rasend vor Eifersucht, ließ sie auf der Stelle verhaften. Ohne sie auch nur angehört zu haben und ohne sich zu vergewissern, ob die Anschuldigungen der Wahrheit entsprachen, gab er den Befehl, sie zu enthaupten. Ihre Kammerzofe ließ er als vermeintliche Mitwisserin aus einem Turmfenster stürzen. Schon kurze Zeit später klärte sich das Mißverständnis auf. Ludwig mußte erfahren, daß seine Frau unschuldig gewesen war. Von nun an plagte ihn Tag und Nacht das schlechte Gewissen. Um es zu erleichtern und um Vergebung von dieser schrecklichen Sünde zu erlangen, stiftete Ludwig das Kloster Fürstenfeld. Trotzdem wurde er von nun an landauf und landab »Ludwig der Strenge« genannt.

Wir verlassen die Burganlage durch den nördlichen, linken Torbogen, an dessen linker Wand es ein interessantes Relief zu sehen gibt. Es ist ungefähr 600 Jahre alt und zeigt uns rechts den betenden Kaiser Ludwig im langen Mantel und mit einer Krone auf dem gelockten Haar. Die kniende Frau links ist seine Gemahlin Margarethe, die der Madonna mit dem Jesuskind ein Modell der Lorenzikirche übergibt, die früher hier gestanden hat. In dieser Kirche wurden Zepter, Krone, Reichsapfel und Heiliges Schwert aufbewahrt und Tag und Nacht von betenden Mönchen bewacht, solange Ludwig der Bayer als Kaiser regierte.

Draußen am Hofgraben begegnen wir dem Kaiser hoch zu Roß. Das Reiterstandbild ist eine besonders schöne, ungewöhnliche Darstellung. Es zeigt uns einen friedlichen Kaiser, der aufrecht ohne Rüstung und Waffen im Sattel sitzt. Er benützt keine Steigbügel und hat sein edles Pferd nicht aufgezäumt. Das Tier hebt aufmerksam den Kopf und hat die Ohren nach hinten gelegt, als lausche es den Befehlen seines Reiters. Der Schweif des Pferdes ist mit einer kecken Schleife zusammengebunden.

Nach links führt der Hofgraben zur Schrammerstraße. Um uns anzuhören, was es zu erzählen gibt über diesen Ort und den daran anschließenden Platz, gehen wir auf die Grünfläche des Marienhofes und machen es uns auf der Wiese bequem.

Also, in der Schrammerstraße befand sich in alter Zeit ein öffentliches Bad. Dort saßen Männer und Frauen bunt gemischt in großen Holzwannen mit heißem Wasser beisammen und ließen sich von Knechten oder Mägden einseifen und abschrubben.

Ein Stück weiter, dort wo die Dienerstraße in die Residenzstraße übergeht, stand früher das Vordere Schwabinger Tor mit dem Krümbleinsturm. Es gehörte zur ersten Mauer, die München wie ein Ring umschloß. Heinrich der Löwe, der Gründer Münchens, hatte sie angelegt:

Damals und auch noch viele Jahre später wurden abends nach Einbruch der Dunkelheit alle Stadttore zugesperrt. Zusätzlich wurden sie mit dicken Balken gesichert. Die Wachen besetzten die Türme und beobachteten genau, ob sich außerhalb der Stadtmauer etwas Verdächtiges tat. So konnten die Bürger ruhig schlafen. In Kriegszeiten blieben die Tore sicherheitshalber auch tagsüber verschlossen. Aber auch sonst, wenn alles friedlich war, durfte ein Fremder nicht so ohne weiteres in die Stadt einziehen. Zunächst mußte er sein Reisebüchlein vorzeigen. Darin stand sein Name, sein Geburtsort und der Zweck seiner Reise. So mancher Spitzbube wurde bei dieser

Kontrolle geschnappt und landete nicht im Wirtshaus oder auf dem Marktplatz, sondern im dunklen Turmverlies.

Der Marienhof war einst über lange Zeit das Judenviertel. Hier lebten und arbeiteten die jüdischen Einwohner Münchens. Vor 800 Jahren hatte dort auch eine Synagoge (jüdisches Gotteshaus) ihren Platz.

Gehen wir jetzt auf den von einer Hecke eingezäunten, kaum einsehbaren »Spielplatz für den Kurzzeitaufenthalt«. Die Stadt München hat dankenswerterweise dafür einen der wenigen Parkplätze der Innenstadt geopfert. Alle Spielgeräte stellen eine Besonderheit dar, es sind »Spielstationen zur Entfaltung der Sinne«. Es lohnt sich, daß wir uns hier etwas genauer umsehen:

Die große silberne Kugel trägt die Bezeichnung »Der Berg – ein Gletscher aus dem Hochofen«. Um auf seinen Gipfel zu gelangen, braucht es ein wenig Geschick oder besser noch die hilfreiche Hand eines anderen. Mit dem eigenen Körper schwingen können wir auf den »Wolkenbildern – wie ein Ast im Wind«. Als Erfahrungsstation wird die Scheibe mit Spirale bezeichnet. Dreht man sie im Uhrzeigersinn, so scheint sich die Spirale immer mehr zu erweitern. Bei entgegengesetzter Drehrichtung bildet sich ein tiefer Trichter. Wendet man seinen Blick von der drehenden Scheibe ab, so scheint sich die gesamte Umgebung wie im Zeitraffer, gegensätzlich zum jeweiligen Erscheinen auf der Scheibe, zu verengen oder zu erweitern. Der Grund: Unser Sehsinn balanciert aus. Faszinierend ist auch die sogenannte »Rieseltafel«. Schon bei der leichtesten Drehung verändert sich das Bild. Landschaften und Muster werden in den Sand gezeichnet. Es entstehen immer wieder neue Formationen. Zum Schluß wenden wir uns noch dem »Klanglabyrinth« zu. Die fünf trapezförmigen Elemente mit den Klangkörpern obenauf lassen sich um die eigene Achse drehen. Dabei werden verschiedene Töne erzeugt.

Durch die Residenzstraße gehen wir weiter zum Max-Joseph-Platz. Das Eckhaus auf der rechten Seite ist heute die Hauptpost. Von hier ging 1849 die erste bayerische Briefmarke, der sogenannte »Schwarze Einser«, hinaus in die Welt.

Auf den Stufen des Max-Joseph-Denkmals, das mitten auf dem Platz steht, lassen wir uns nieder und blicken zurück auf das flache Haus, in dem sich das »Franziskaner Poststüberl« befindet. Einst war dort die Franziskanerbäckerei:

Vor langer Zeit wohnte hier eine sehr vornehme Familie. Es war der fürstliche Hofrat mit Frau und Tochter. Als Magd hatten sie die Tochter des Gärtners eingestellt. Das Mädchen war fleißig, klug und freundlich. Obwohl es von niedrigem Stand war, wurde es schon bald die beste Freundin der Tochter des Hofrats. Alle im Haus waren glücklich und zufrieden. Doch eines schlimmen Tages ereig-

nete sich etwas Seltsames: Die Frau des Hofrats vermißte eine kostbare Halskette. Man durchsuchte das ganze Haus, sah in alle Schubläden und Schränke, aber die Kette blieb verschwunden. Einige Zeit später passierte das gleiche noch einmal, nur daß es sich diesmal um einen Ohrring von großem Wert handelte. Wieder wurde alles abgesucht, doch das Schmuckstück blieb unauffindbar. Obwohl der Hofrat und seine Frau die Gärtnerstochter sehr lieb hatten, regte sich in ihnen der schreckliche Verdacht, daß nur sie den Schmuck gestohlen haben könne. Um ganz sicher zu sein, wollten sie das Mädchen auf die Probe stellen. Sie legten einen Ring ins offene Fenster und verließen das Zimmer. Als die Frau Hofrat nach einiger Zeit zurückkam, war der Ring verschwunden. Nun war es für alle klar, daß nur die Gärtnerstochter die Diebin sein konnte, denn außer ihr hatte niemand das Zimmer betreten. Das Mädchen beteuerte verzweifelt seine Unschuld, aber niemand glaubte ihm. Es wurde vors Gericht geschleppt und auf die Folter gespannt. Man quälte es solange, bis es alle Schuld auf sich nahm. Daraufhin wurde das Mädchen verurteilt und hingerichtet.

Einige Zeit, nachdem dies geschehen war, mußte ein Maurer das Dach des Hauses ausbessern. Da entdeckte er, in einer Ecke wohlversteckt, ein Dohlennest, in dem mehrere glitzernde Schmuckstücke lagen. Der Maurer nahm sie heraus und lief damit zum Hofrat. Der *mußte zu seinem Entsetzen feststellen, daß es der verschwundene Schmuck seiner Frau war. »Oh, mein Gott!«, rief er aus, »das arme, arme Mädchen, es ist unschuldig gestorben! Ein diebischer Vogel hat den Schmuck gestohlen!« Die ganze Familie war furchtbar traurig, alle weinten und machten sich die größten Vorwürfe. Aber nun war es zu spät, und niemand konnte das arme Mädchen wieder lebendig machen.*

Der große, eckige Platz, auf dem wir uns befinden, ist mit Flußkieseln gepflastert. Da die Kieselsteine wie Eier aussehen, nennt man es »Eierpflaster«.

Betrachten wir uns das Denkmal, zu dessen Füßen wir sitzen, ein bißchen genauer: Es stellt Maximilian I. Joseph dar, der 1806 zum ersten König Bayerns ernannt wurde. Er veranlaßte kurz nach Regierungsantritt den Abriß des Franziskanerklosters, das bis damals hier gestanden hatte. Auf dem dadurch gewonnenen Grund ließ er diesen viereckigen Platz anlegen. Er selbst gab den Entwurf seines Denkmals in Auftrag. Allerdings fand das Kunstwerk nicht seine Zustimmung. »Zu bieder und altväterlich« war die Meinung seiner Majestät. Endgültig ausgeführt und aufgestellt wurde es daher erst nach seinem Tode durch seinen Sohn König Ludwig I.

Unter dem Platz befindet sich heute eine zweistöckige Tiefgarage, in der etwa 450 Autos Platz haben. Bei ihrem Bau stieß man auf mehrere Gräber aus der Klosterzeit.

Der große, elegante Bau mit den Säulen ist das Nationaltheater. Sein Erbauer war ebenfalls König Max I. Das Theater hat 1900 Zuschauerplätze und zählt zu den größten und berühmtesten Bühnen in Europa. Es kommen Besucher aus der ganzen Welt, um sich hier Opern- oder Ballettaufführungen anzusehen.

Gegenüber der Hauptpost, an der Nordseite des Platzes, steht der Königsbau der Residenz. König Ludwig I. ließ ihn errichten. Er regierte und wohnte hier mit seiner Familie und dem gesamten Hof. Hinter einem der vielen Fenster im ersten Stock hatte der König sein Arbeitszimmer. Daher weiß man auch, wie früh er täglich aufstand, denn oft brannte dort schon vor 5 Uhr morgens das Licht. Man kann sich vorstellen, daß er sehr viel Arbeit hatte, denn der König war stets darum bemüht, sich um möglichst viele Dinge in seinem Reich persönlich zu kümmern. Er selbst sagte dies so: »In Bayern regiert nicht der Minister, sondern es regiert der König und ich nehme, wie wohl jedem meiner Untertanen bekannt sein wird, von dem, was geschieht, genau Kenntnis ...«

Zwischen der Arbeit erholte sich der König bei einem halbstündigen Spaziergang im Hofgarten oder im anschließenden Englischen Garten. Meistens trug er dabei einen schäbigen Rock, denn der König war nicht nur besonders fleißig, sondern auch sehr sparsam.

Heute sind im Residenzgebäude verschiedene Museen untergebracht, so zum Beispiel die Schatzkammer. Machen wir doch einen kleinen Rundgang durch dieses einmalige Museum und lassen uns verzaubern von den unschätzbaren Kostbarkeiten aus Gold, Perlen und Edelsteinen.

Vom Max-Joseph-Platz gehen wir in die kurze Perusastraße, die in die Theatinerstraße mündet. Diese trug bis vor ungefähr 200 Jahren den Namen Hintere Schwabinger Gasse. Hier, in nächster Nähe zur Residenz, wohnten die vornehmen Adelsfamilien, reiche Bürger und berühmte Künstler.

Nun halten wir uns links in Richtung Marienplatz und gehen an der Maffeistraße vorbei, die ihren Namen von dem Münchner Bürger Maffei hat. Vor etwa 160 Jahren gründete er die erste Maschinen- und Lokomotivenfabrik in München. Hier ändert die Theatinerstraße ihren Namen in Weinstraße. In alter Zeit stand an dieser Stelle das Hintere Schwabinger Tor mit dem Schäffelturm. Es gehörte ebenfalls zum ersten Münchner Mauerring.

An der rechts einmündenden Schäfflerstraße, die wir gut durch die beiden Schäfflerfiguren an den Ecken der angrenzenden Häuser erkennen können, machen wir halt, denn hier hat sich einmal etwas Interessantes zugetragen:

In alter Zeit stand hier ein Ziehbrunnen, aus dem man das Wasser mit Kübeln heraufziehen mußte. Da es früher in den Häusern keine Wasserleitungen gab, hatten die im ganzen Stadtgebiet verteilten Brunnen eine große Bedeutung. Hier holte man sich Wasser zum Trinken, zum Kochen, zum Waschen und zum Gießen der Gärten.

Doch eines Tages passierte etwas ganz Schauerliches. In dem Brunnen hier an der Schäfflergasse ließ sich ein furchterregender Drache nieder, einer von jenen mit dem tödlichen Blick. Ein folgenschweres Ereignis für die Bürger, die aus dem Brunnen Wasser schöpfen wollten. Denn schauten sie beim Hinablassen ihres Wassereimers dem Untier in die Augen, fielen sie auf der Stelle tot um. Man kann sich vorstellen, daß sich panische Angst breitmachte und alle in einem großen Bogen um den todbringenden Brunnen herumgingen. Auch wurde das Wasserholen nun noch beschwerlicher, denn man mußte einen weiteren Weg zum nächsten Brunnen in Kauf nehmen.

So ging es lange Zeit, bis eines Tages ein besonders schlauer Münchner Bürger eine sehr gute Idee hatte. Er schleppte gemeinsam mit ein paar anderen Männern einen großen Spiegel herbei und sie legten ihn umgekehrt über die Brunnenöffnung. Als nun der Drache nach oben blickte, sah er sich selber in die Augen und fiel, wie vom Blitz getroffen, tot um. Nun konnte der Brunnen endlich wieder benutzt werden, doch er hieß seit dieser Zeit nur noch »Spiegelbrunnen«.

Gehen wir weiter zum Marienplatz. Das Rathauseck auf der linken Seite trug im Volksmund lange Zeit den Namen »Wurmeck«, denn . . .

Es war einmal ein Ungeheuer, das war so schrecklich und furchterregend, wie noch kein anderes je gesehen wurde. Es sah aus wie ein riesiger Lindwurm mit hundertmal vergrößerten Fledermausflügeln. Das Ungeheuer war eines Tages aus dem Nichts erschienen und flog über die ganze Stadt. Es senkte sich bis tief über die Dächer hernieder und blies seinen todbringenden Atem in alle Gassen und Häuser. Da begann in der Stadt ein großes Sterben, das vor keiner Tür halt machte. Alte und Junge, Reiche und Arme erkrankten an der Pest und wurden dahingerafft.

Langsam, aber sicher wurde es immer stiller und trauriger in München. Eines Tages ließ sich das Untier direkt auf dem Schrannenplatz, dem heutigen Marienplatz, nieder. Nun war es genug! Ein paar mutige Bürger faßten sich ein Herz und beschlossen, das Untier zu töten. Sie holten die größte Kanone der Stadt herbei und brachten sie hier, genau wo wir jetzt stehen, in die richtige Position. Mit einem einzigen gut gezielten Schuß brachten sie den Lindwurm zur Strecke.

Nun war die Stadt gerettet. Aber die Bürger waren so verängstigt, daß sie sich nicht aus ihren Häusern heraustrauten. Da hatten die Münchner Schäffler (Handwerker, die Fässer und andere Geräte aus Holz herstellen) eine gute Idee: Sie studierten einen Tanz ein, einer verkleidete sich als Spaßmacher und die anderen zogen ihre bunten Sonntagstrachten an. So zogen sie musizierend und tanzend durch

die leergefegten Straßen der Stadt. Das mach-
te den Menschen so viel Mut, daß sie aus
ihren Häusern strömten, sich freuten, mittanz-
ten und die Befreiung von dem Ungeheuer
feierten.
Zur Erinnerung an dieses furchtbare Ereignis
sehen wir am Rathauseck einen großen Lindwurm aus Stein, der an der Mauer hochzuklet-
tern scheint. Die drei Steinreliefs darüber
erzählen die Geschichte.

5. Spaziergang

Residenzstraße – Residenz – Odeons-
platz – Ludwigstraße – Hofgarten –
Marstallstraße – Maximilianstraße –
Max-Joseph-Platz

Ausgangspunkt: Max-Joseph-Platz

Diesen Platz kennen wir schon von unserem
letzten Spaziergang. Wir wenden uns darum
gleich zum Königsbau und gehen in die Residenzstraße. An der Residenz entlang erreichen wir ein großes Marmorportal, durch das
wir in den Kapellenhof gelangen. Wenn wir
ihn durchquert haben, kommen wir zu einer
Durchfahrt. Von dort können wir durch eine
Gittertür in die von oben bis unten mit
Muscheln geschmückte Bogenhalle des Grot-
tenhofes blicken.

Der Gittertür gegenüber, an der linken Seiten-
wand des Durchgangs, liegt ein großer, glänzender, schwarzer Stein, der an einer Kette
befestigt ist. Er hat das stolze Gewicht von
182 Kilogramm. Wer sich stark genug fühlt,
kann versuchen, ihn hochzuheben. Einer, dem
dies mit Leichtigkeit gelang und der den Stein
sogar mehrere Meter durch die Luft schleu-
dern konnte, war Herzog Christoph. Auch soll
er in der Lage gewesen sein, den obersten der
drei in die Wand geschlagenen Nägel im
Sprung mit der Ferse abzuschlagen.

Christoph lebte vor etwa 500 Jahren und war
einer der fünf Söhne von Herzog Albrecht. Von

Christoph sind uns viele Geschichten überliefert, denn er war ungewöhnlich mutig und besaß Bärenkräfte. Bei den Münchnern war er deshalb sehr beliebt und sie nannten ihn nur den »starken Christoph«.

Eines Tages ging über München ein fürchterliches Gewitter nieder. Es donnerte und blitzte so sehr, daß sich die Menschen vor Angst in ihre Häuser einschlossen. Viele dachten, der Weltuntergang sei gekommen. Plötzlich fuhr ein Blitz in den Rathausturm und setzte ihn sofort in Brand. Der Wind wirbelte die Funken umher, und schon stand auch das nahestehende Haus des Bürgers Ligsalz in hellen Flammen. Die Bewohner wollten aus dem Hause stürmen, aber, o Schreck, alle Türen waren verschlossen, und keiner konnte in der Aufregung die Schlüssel finden. Die fünf herzoglichen Brüder hatten den Feuerschein gesehen und kamen herbeigeeilt, um zu helfen. Herzog Christoph rannte zum Haus der Familie Ligsalz, denn dort war die Gefahr am größten. Mit einem gewaltigen Fußtritt zerschmetterte er die Haustür, aus der sofort keuchend und hustend die Bewohner heraustorkelten. Nur die Frau des Ligsalz wollte ihr Haus nicht verlassen. Sie schrie und jammerte verzweifelt nach ihrem Kind, das, vom Feuer abgeschnitten, oben in der Dachstube lag. Christoph zog die arme Frau auf die Straße und stürzte zurück ins Haus. Er kämpfte sich durch die Flammen hinauf bis zur Dachstube, hob das Kind aus seinem Bettchen und brach-

te es unversehrt zu seinen glücklichen Eltern. Nun versuchte er, die Flammen zu ersticken, indem er mit seinen Bärenkräften die Mauern des brennenden Hauses eindrückte. So arbeitete er Stunde um Stunde, bis es endlich zu regnen begann, und das niederströmende Wasser die restlichen Flammen auslöschte.

Beruhigt konnte nun der starke Christoph in die Burg zurückkehren. Als er dort ankam, war er so erschöpft, daß er sich, noch angekleidet und mit rußverschmiertem Gesicht, aufs Bett warf und sofort in tiefen Schlaf fiel. So fand ihn am nächsten Morgen sein Bruder Albrecht. »Steh auf, schwarzer Christoph, und laß dir danken!« sagte Albrecht, »du hast in der letzten Nacht vielen Menschen das Leben gerettet. Zur Belohnung sollst du hundert Goldstücke bekommen. Geh zum Kämmerer in die Schatzkammer und laß dir das Geld auszahlen.« Erfreut lief Christoph sofort los, denn sein Geldbeutel war fast immer leer. Der Kämmerer aber, der für seinen Geiz bekannt war, jammerte: »Woher soll ich das Geld nehmen, es ist kein einziges Goldstück in der Truhe!« »Das werden wir gleich sehen!« rief Christoph, öffnete die Truhe und siehe da, sie war zur Hälfte mit Goldstücken gefüllt. Vor Zorn packte Christoph den Geizkragen, stopfte ihn in die Truhe und schlug den Deckel zu. Dann setzte er sich oben drauf. Der Kämmerer schrie jämmerlich um Hilfe, aber Christoph antwortete nur: »Jetzt geht's Euch wie den Goldstücken, die müssen auch immer in der Truhe liegen, obwohl sie

gerne ans Licht kämen.« Erst als der Kämmerer mit erstickter Stimme versprach, das Gold auszuzahlen, öffnete Christoph die Truhe und zog ihn heraus. Das Männlein japste nach Luft und war so schwach, daß Christoph sich das wohlverdiente Geld selbst in seinen Beutel zählen mußte.

Der nächste Hof, den wir erreichen, ist der zauberhafte, achteckige Brunnenhof. In seiner Mitte steht der Wittelsbacher Brunnen. Auf dem Brunnenrand lagern die Flußgötter der vier größten bayerischen Flüsse: Donau, Lech, Isar und Inn. Die vier stehenden Götterfiguren dazwischen symbolisieren die Elemente Erde, Feuer, Wasser und Luft. Dazwischen tummeln sich auf dem Brunnenrand phantasievolle Fabelwesen. Auf dem hohen Sockel in der Brunnenmitte steht in voller Rüstung Herzog Otto von Wittelsbach, der erste bayerische Herzog aus dem Wittelsbacher Geschlecht. Er bekam von Kaiser Barbarossa das bayerische Land für treue Kriegsdienste als Lehen.

Die Gebäude, die den Hof umschließen, sind mit Scheinarchitektur bemalt, das heißt, es erscheint uns nur so, als seien sie mit Säulen- und Fenstervorbauten geschmückt.

Wenden wir uns zurück und gehen durch das rechte Tor, das uns zum Cuvilliéstheater führt. Das einmalige kleine Theater gilt als das schönste Rokokotheater der Welt. Eine Besichtigung ist sehr empfehlenswert.

So kommen wir nun in den Apothekenhof. Wahrscheinlich hat sich in einem der angrenzenden Gebäude einmal die Hofapotheke befunden. Wenn wir auf den rechten Teil des großen Hofes blicken, sehen wir im Pflaster eingelassen die Umrisse der ehemaligen Neuveste. Sie war das erste Gebäude, das auf dem Platz der heutigen Residenz entstanden ist. Irgendwann im Laufe der Zeit wurde es abgerissen.

Die Residenz war viele hundert Jahre lang Sitz der bayerischen Herrscher. Fast jeder Herzog, Kurfürst oder König, der hier wohnte und regierte, ließ nach seinem Geschmack und seinen Bedürfnissen entweder einen Gebäudeteil abreißen oder umbauen oder etwas Neues hinzubauen. So wurde im Laufe der Zeit aus der einfachen Neuveste ein königliches Schloß von gewaltigen Ausmaßen. Es hat unzählige Zimmer und Gänge, mehrere Säle und Hallen, sechs Innenhöfe, eine Kapelle und das Cuvilliéstheater.

Einst galt die Residenz als achtes Weltwunder. Als König Gustav Adolf von Schweden im Dreißigjährigen Krieg München besetzt hatte, fand er an dem prächtigen Fürstensitz so großen Gefallen, daß er ihn auf Rollen setzen und nach Schweden transportieren lassen wollte. Gott sei Dank hat er diesen Plan nicht wahr gemacht.

Durch ein Tor auf der linken Hofseite erreichen wir den Kaiserhof. Die Gebäude um den quadratischen Platz sind mit besonders aufwendiger Scheinarchitektur verziert.

Wenn wir den Hof durch das gegenüberliegende Tor verlassen, blicken wir auf den Odeonsplatz. Bevor wir jedoch weitergehen, müssen wir unbedingt eine der blanken Nasen reiben, die auf den Schildern zu Füßen der prächtigen Bronzelöwen links und rechts des Tores angebracht sind. Warum? Nun, wir haben jetzt den ganzen Tag über Glück.

Der Teil der Residenz, der an die Residenzstraße und den Odeonsplatz grenzt, wurde von Kurfürst Maximilian vor über 360 Jahren erbaut. Maximilian war einer der bedeutendsten Herrscher Bayerns. Vierundzwanzigjährig übernahm er von seinem Vater nicht nur die Regierungsgeschäfte, sondern auch 1,6 Millionen Gulden Schulden. Das war in damaliger Zeit eine ungeheure Summe. Maximilian war ein Mann von ausgeprägtem Pflichtbewußtsein und größter Sparsamkeit. Es dauerte nur 15 Jahre, bis er alle Schulden seines Vaters abgezahlt hatte.

Kindheit und Jugend von Maximilian waren hart und streng. Damit wir uns besser vorstellen können, wie es dem kleinen Prinzen ergangen ist, lassen wir uns erzählen, wie so ein ganz normaler Tag bei ihm verlaufen ist:

Er begann kurz nach 6 Uhr morgens mit einem kniend verrichteten Gebet. Um 8 Uhr folgte das »Morgensüppel« und danach ein Besuch in der Kirche. Der anschließende Unterricht endete erst eine halbe Stunde vor dem Mittagessen. In der Pause, die bis 14 Uhr dauerte, durfte der kleine Maximilian einige Stunden spielen – »mäßiges Umlaufen« war erlaubt – außerdem gab es ritterliche Übungen, Reiten, Ball-, Kugel- und Schachspiel, Rohrschießen und Fischen. Dann wurde der in Deutsch und Latein gehaltene Unterricht wieder aufgenommen. Der Nachmittag schloß mit Musik, und mit einem Gebet ging der Tag abends um 8 Uhr zu Ende. Maximilian lernte auch das Orgelspielen, Drechseln und Schmieden.

Der Odeonsplatz ist auf drei Seiten von besonders prächtigen, ganz unterschiedlichen Gebäuden begrenzt. Die Residenz haben wir schon besichtigt. Anschließend sehen wir die Feldherrnhalle. König Ludwig I. ließ sie erbauen, zum Ruhme des bayerischen Heeres und zu Ehren der zwei berühmten Feldherren Tilly und von Wrede.

Zwischen den beiden gewaltigen Steinlöwen steigen wir die Stufen hinauf und blicken auf die Ludwigstraße. Sie ist eine der schönsten Straßen Europas, 37 Meter breit und etwas über 1 Kilometer lang. Ihr nördlicher Abschluß ist das Siegestor, hinter dem Schwabing beginnt. An der Ludwigstraße liegen die Universität, an der rund 48 000 Studenten studieren, und die Staatsbibliothek, die etwa 4,8 Millionen Bücher beherbergt.

Als König Ludwig I. an die Regierung kam, versprach er: »Ich will aus München eine Stadt machen, die Deutschland so zur Ehre gereichen soll, daß keiner Deutschland kennt, wenn er München nicht gesehen hat.« Er hat sein Versprechen gehalten. Allerdings hat das die

Münchner jede Menge Geduld gekostet, denn über Jahre hinaus war die Stadt eine einzige Baustelle. Der König gab im Laufe seines Lebens für die Verschönerung Münchens 30 Millionen Gulden aus, ein Großteil davon stammte aus seinem Privatvermögen.

Der dritte prächtige, in warmem Gelb erstrahlende Bau ist die Theatinerkirche. Sie ist eine der schönsten Kirchen Münchens und es lohnt sich, einen Blick hineinzuwerfen.

Wir verlassen den Odeonsplatz in Richtung Ludwigstraße, überqueren die Hofgartenstraße und biegen rechts in den Hofgarten ein. Er ist Münchens ältester Park. Lange Zeit war er nur den Angehörigen des Hofes vorbehalten, daher auch der Name Hofgarten.

Wir bummeln ein bißchen durch die schönen Anlagen mit den bunten Blumenbeeten und den plätschernden Brunnen. Der kleine, zwölfeckige Tempel in der Mitte der Anlage ist, ebenso wie der Grottenhof der Residenz, kunstvoll mit Muscheln in allen Größen und Schattierungen ausgeschmückt. Bekrönt wird er von einer wunderschönen kostbaren Figur, der Tellus Bavarica (= Bayerische Erde). Sie ist geschmückt mit den Schätzen des Landes: Salzfaß (Salzhandel), Hirschfell (Wildreichtum), Reuse (Fischfang), Ährengarbe (Kornanbau) und Kurapfel (Kurwürde).

Haben wir die Anlage durchquert, stehen wir vor dem langgestreckten Gebäude der Bayerischen Staatskanzlei. Der bayerische Ministerpräsident und seine vielen Mitarbeiter haben hier ihre Wirkungsstätte. Der Mittelbau mit der mächtigen Kuppel war früher das Bayerische Armeemuseum. Das Reiterstandbild davor zeigt uns wieder Otto von Wittelsbach.

Über ein paar Stufen hinunter erreichen wir das »Grabmal des unbekannten Soldaten«. Es soll erinnern an über 120 000 Münchner Bürger, die in den beiden Weltkriegen ihr Leben verloren haben. Die gewaltige Deckplatte aus Stein ist 5 000 Zentner schwer.

Wir steigen die Stufen zum Hofgarten wieder hinauf und halten uns links. Nachdem wir die Hofgartenstraße überquert haben, kommen wir zum Marstallplatz. Auf der rechten Seite vor dem Doppelportal, das wieder in den Apothekenhof führt, steht der Kronprinz-Rupprecht-Brunnen. Ihn ziert eine Frauenfigur. Sie hält in der einen Hand eine Waage und in der anderen die griechische Göttin Pallas Athene.

Das langgestreckte Gebäude auf der linken Seite ist heute das Theater im Marstall. Früher diente es als Pferdestall, woran die acht runden Pferdeporträts an der Hauswand noch erinnern.

Wo heute die vielen Autos parken, war einst ein herrlicher Rosengarten mit einem Lusthaus, in dem unter anderem auch wertvolle Bilder ausgestellt wurden. Als vor mehr als 470 Jahren der deutsche Kaiser Karl V. auf dem Weg zum Reichstag in Augsburg durch München kam, wurden ihm diese Bilder vorgeführt. Als größte Kostbarkeit galt das Bild »Die Alexanderschlacht« von dem Maler Albrecht

Altdorfer. Ihr könnt dieses interessante Bild einmal in Ruhe betrachten, wenn ihr die Alte Pinakothek besucht. Wäre es möglich, uns etwa 470 Jahre zurückzuzaubern, so könnten wir teilhaben an den schier unglaublichen Festlichkeiten, die zu Ehren des Kaiserbesuchs in München stattfanden:

Auf dem Weg zur Stadt wurde dem Kaiser die Erstürmung einer Burg aus Holz und Stoff vorgeführt. 1600 Mann mit 100 Geschützen beteiligten sich daran. Im Tal und in der Burgstraße wurden lebende Bilder aus der Geschichte dargestellt. Am Abend folgte ein Feuerwerk auf dem Schrannenplatz (heute Marienplatz), bei dem ein hölzernes Schloß in Flammen aufging. Tags darauf ging man zur Jagd und erlegte allein 400 Hirsche. Am dritten Tag fand abends ein Festmahl statt. Der Kaiser konnte »nur« bis zum 32. Gang mithalten, dann mußte er aufgeben. Nachts um 1 Uhr ging's dann zum Tanz in den Ballsaal des Rathauses. Man hatte, um den Kaiser zu erfreuen, die schönsten Frauen von München dazu eingeladen.

Durch die Marstallstraße kommen wir zur Maximilianstraße, in die wir rechts einbiegen und am Nationaltheater entlang zum Max-Joseph-Platz zurückkehren. Auf dem Grund des Theaters stand bis 1802 ein Franziskanerkloster, das auf Befehl des Kurfürsten abgerissen wurde. Ein paar Jahre später wurde dort der Grundstein für das Nationaltheater gelegt und nach siebenjähriger Bauzeit war es fertiggestellt. Man hatte 8 Millionen Backsteine und

30 000 Baumstämme verbaut. Fünf Jahre nach der feierlichen Eröffnung brannte das Theater bis auf die Grundmauern nieder. Viele Münchner, vor allem die, die mit dem Abriß des Klosters nicht einverstanden waren, glaubten an eine Strafe des Himmels. Doch es dauerte nur zwei Jahre, bis das Theater in alter Schönheit wiedererstand. Im Oktober 1943 sank es abermals, durch mehrere Bomben getroffen, in Schutt und Asche. Viele Jahre sammelten die Freunde des Nationaltheaters das Geld für einen Wiederaufbau, und 1963 wurde es zum dritten Mal feierlich eröffnet.

6. Spaziergang

Sparkassenstraße – Pfisterstraße –
Platzl – Kosttor – Neuturmstraße –
Hochbrückenstraße – Tal – Isartor

Ausgangspunkt:
Altes Rathaus (Talseite)

Vom Marienplatz kommend, gehen wir unter
dem alten Rathausturm hindurch auf die Talseite. Dabei fällt uns das reizende Windspiel
auf, das an der Decke des Durchgangs hängt
und zum Spielzeugmuseum gehört. Ein Künstler namens Hösl hat es erschaffen. Es macht
Spaß zu beobachten, wie das Windspiel funk-
tioniert.

Die bronzene Mädchenfigur, die an der Turmseite des Alten Rathauses steht, stellt die Julia
dar. Sie und ihr Geliebter Romeo sind die
Hauptfiguren einer berühmten, sehr traurigen
Liebesgeschichte, die in der italienischen
Stadt Verona spielt. Eine Sparkasse unserer
Partnerstadt Verona hat die anmutige Figur
1974 der Stadt München geschenkt. Julia hat
sich im Laufe der Zeit bei den Münchnern zur
Schutzpatronin der Liebenden entwickelt. Das
erklärt, warum Unbekannte ihr sooft Blumen in
den Arm legen.

Übrigens – von hier aus gibt es eine Katze zu
sehen, die gerade einen Buckel macht. (Tip:
Die Nase hochnehmen, denn auch auf den
Dächern gibt es einiges zu entdecken!)

Die Kirche, die wir rechts sehen, ist die Heiliggeistkirche. Sie gehörte einst zu einer großen sozialen Anlage, dem Heiliggeistspital. Hier fanden alle Menschen, die nicht selbst für sich sorgen konnten, Hilfe und Unterkunft; so zum Beispiel Kranke, Alte, Findel- und Waisenkinder. Das Spital erstreckte sich über den ganzen heutigen Viktualienmarkt. Als der Markt vom Marienplatz hierher verlegt werden mußte, wurde die Anlage abgerissen.

Betreten wir die helle, meisterlich renovierte Kirche (das Gitter ist täglich von 7–12 Uhr und von 15–18 Uhr geöffnet, freitags ganztägig geschlossen). Wir setzen uns in eine der Kirchenbänke direkt unter dem großen Deckengemälde, das die Gründung des Heiliggeistspitals zeigt. Am linken Bildrand sehen wir einen Schimmel, der in das Bild hineinzuspringen scheint. Ihm zu Füßen hält ein Mann eine Brez'n in der erhobenen Hand. Diese Szene erinnert an einen alten Brauch:

Vor 650 Jahren stifteten die Eheleute Burkhard, der Wadler, und seine Ehefrau Heilwig, die Wadlerin, dem Spital 63 Pfund Pfennige. Eine große Menge Geld war das damals. Der größte Teil sollte den Kranken, Alten und Waisenkindern zugute kommen, die im Spital betreut wurden. Von drei Pfund Pfennigen aber sollten einmal im Jahr Brez'n gekauft und an die Armen der Stadt verteilt werden. So geschah es. Jedes Jahr in der Neujahrsnacht ritt ein Knecht des Spitals auf einem Schimmel durch die Gassen der Stadt. Man hatte dem Pferd die Hufeisen gelockert, damit sie laut klapperten und weithin zu hören waren. Aus einem großen Sack verteilte dann der Reiter frische Brez'n an arme Bürger.

Viele hundert Jahre wurde es so gehalten, bis im Jahre 1801 der letzte Wadlerreiter vom Pferd gerissen und mißhandelt wurde. Aufgebrachte Bürger waren der Meinung, der Reiter habe nicht genug Brez'n in seinem Sack gehabt. Von da ab wurde die Wadlerspende nicht mehr ausgegeben.

Wir verlassen die Kirche wieder auf der Talseite und betrachten das gegenüberliegende Haus, in dem heute eine Sparkasse ihre Räume hat. Die Hauswand ist geschmückt mit einem sehr alten, schon stark verwitterten Steinbild. Es stellt eine Löwin dar, die sich über ihre beiden Jungen beugt:

Im späten Altertum glaubte man, daß Löwenjunge tot auf die Welt kommen und die Löwenmutter sie erst drei Tage nach der Geburt durch Einblasen ihres eigenen Atems zum Leben erweckt. Von solch einer »Löwengeburt« erzählt dieses Bild.

Von hier aus haben wir auch eine gute Sicht auf Herzog Heinrich den Löwen, der vom Alten Rathaus auf »seine« Salzstraße herabblickt. Er zerstörte im Jahre 1156 die einträgliche Isarbrücke bei Föhring, die Bischof Otto von Freising gehörte, und leitete sämtlichen Verkehr zwischen Reichenhall und Augsburg über eine neuerbaute Brücke »bei den Mönchen«, also bei München. Der erboste Bischof beschwerte sich beim Kaiser, aber die Brücke durfte

bestehen bleiben. Allerdings mußte Heinrich der Löwe ein Drittel der Zolleinnahmen, die an dieser Brücke erhoben wurden, an Bischof Otto abgeben. Wie Heinrich zu dem Beinamen »der Löwe« kam, erzählt eine Sage:

Auf einer seiner vielen Reisen durch die weite Welt ritt der abenteuerlustige Fürst einmal durch einen dichten Wald. Plötzlich sah er einen Löwen, der verzweifelt mit einem Drachen kämpfte. Er hatte schon zahlreiche Wunden und sein Fell war rot von Blut. Der mutige Herzog zögerte nicht lange, packte sein Schwert und kam dem Löwen zu Hilfe. Mit vereinten Kräften gelang es ihnen, den Drachen zu töten. Von Stund an folgte der Löwe Herzog Heinrich auf Schritt und Tritt, jagte für ihn und bewachte seinen Schlaf.

Wir gehen in die gegenüberliegende Sparkassenstraße. Das rechte Eckhaus, das vor 180 Jahren erbaut wurde, zieht sich weit in die Straße hinein. Früher war hier das Stadtbauamt, heute gehört es einer Sparkasse. Die lange Hausfront ist mit schönen Giebeln und dekorativen Türmchen sowie mit einem Bogenvorbau geschmückt, der mit Figuren aus Stein dekoriert ist.

Wo die Ledererstraße die Sparkassenstraße kreuzt, steht auf der linken Ecke das Zerwirkgewölbe. Seit fast 200 Jahren (bis heute) wird hier Wild zerlegt, aufbereitet und verkauft. Vor dieser Zeit war der Bau das erste »Churfürstliche Brauhaus«, in dem das früher übliche Braunbier gebraut wurde. Wie die am Haus angebrachte Tafel verkündet, war dieser Ort in ganz alter Zeit die Wirkungsstätte des Falkners. Die Jagd mit dem Falken war lange Zeit eine sehr beliebte Freizeitbeschäftigung der adeligen Herren und ausschließlich diesen erlaubt. Der Falkner hatte die Aufgabe, mit viel Geschick, Wissen und Zeitaufwand die Raubvögel zu züchten und für die Jagd abzurichten. Das mächtige, in warmem Gelb gestrichene Haus gegenüber trägt den Namen Scholastika. Die liebevoll gestalteten Verzierungen an den Fensterumrahmungen verdienen unsere Aufmerksamkeit. Bevor dieses Haus vor fast 90 Jahren erbaut wurde, befand sich hier über 600 Jahre das Thürlbad, in dem auch Bader und Wundärzte tätig waren.

Gehen wir weiter bis zur Pfisterstraße. Ehe wir rechts einbiegen, schauen wir uns das Eckhaus an, das fast völlig mit Laub zugewachsen ist. Es ist die ehemalige Hofpfisterei, in der das Brot für die bayerischen Herzöge gebacken wurde. Das Haus ist in seiner äußeren Form noch weitgehend so erhalten, wie es vor über 400 Jahren erbaut wurde. Uns fällt vor allem das gewaltige Dach auf. Wie wir an den kleinen Fenstern erkennen können, besteht der Dachraum aus mehreren Etagen. Man benötigte damals viel Platz, um die großen Korn- und Mehlvorräte der Hofbäckerei trocken zu lagern. Jetzt beherbergt das alte Haus ein Restaurant, im Rückgebäude ist ein Hotel untergebracht. Direkt am Haus floß einst der Stadtbach vorbei. Wenn wir rechts in die Pfisterstraße einbiegen, können wir das traditionsreiche Haus von vorne betrachten. Auch für heutige Begriffe hat es noch enorme Ausmaße.

Das anschließende Haus (Nr. 6) gehört zu den Platzlgassen, die hier einen Eingang haben. Wir spazieren hinein und bewundern im ersten Innenhof die beiden alten steilen Stiegen, über die die Gäste des Hotels hinaufsteigen müssen. Im zweiten Innenhof finden wir einen kleinen dekorativen Brunnen. Zwei Passagen stehen uns nun zur Auswahl, um zum Platzl zu kommen.

Das kleine, dreieckige Platzl ist Ziel fast aller München-Besucher, denn hier steht das weltberühmte Hofbräuhaus. Daß es auch den Münchnern am Herzen liegt, beweist ein bekanntes Volkslied: »Solange dort am Platzl, noch steht das Hofbräuhaus, solang stirbt die Gemütlichkeit in München auch nicht aus.« Gehen wir einmal durch die Schwemme (Parterre), um ein bißchen von der bierseligen Stimmung mitzubekommen, die hier zu jeder Tages- und Nachtzeit herrscht. Täglich werden durchschnittlich 15 000 Liter Bier ausgeschenkt. Bis vor 60 Jahren war die kleinste Menge, die man kaufen konnte, eine Maß (= 1 Liter). Sie wurde nur aus Steinkrügen getrunken. Kleinere Mengen, wie ½ Liter oder noch weniger, führte man erst später für Preußen, arme Künstler und Studenten ein. Seit 130 Jahren gehört das Hofbräuhaus dem bayerischen Staat.

Heute gibt es in München sieben Brauereien, vor 140 Jahren waren es noch 61. Damals soll es im Hofbräuhaus eine Bierbeschau gegeben haben:

Die Bierbeschauer mußten hirschlederne Hosen tragen. Eine Holzbank wurde mit Bier übergossen, und die fachkundigen Männer mußten sich draufsetzen. Nach einer Stunde standen alle auf ein Zeichen hin gemeinsam auf. Blieb nun die Bank an ihren Hosen kleben und wurde mit emporgehoben, so war das Bier gut und kräftig und sein Geld wert.

Wenn wir das Hofbräuhaus wieder verlassen, halten wir uns rechts. Jetzt haben wir einen guten Blick auf die gegenüberliegende Hausfront der Platzlgassen. Haus Nr. 2 ist das älteste Münchner Mietshaus, es wurde 1463 im Häuserbuch der Stadt zum ersten Mal erwähnt. Auch Haus Nr. 3 stammt aus dem Mittelalter. Es gab in diesen alten Häusern bis zum Umbau vor einigen Jahren sogenannte Niedrigstgemächer mit einer Raumhöhe von 1,55 Meter. Wer dort wohl gewohnt haben mag?

Am Platzl Nr. 5 stand einst das Kosttor. Für die Armen der Stadt eine wichtige Adresse, denn hier konnten sie sich kostenlos eine warme Suppe abholen. Das Kosttor wurde zusammen mit dem angrenzenden Neuturm vor über 100 Jahren abgerissen. Dieser runde Turm diente als Gefängnis für Leute, die ihre Schulden nicht bezahlen konnten.

An der Falkenturmstraße stand der Falkenturm, der ebenfalls als Gefängnis diente. Viele traurige Schicksale sollen sich in den dunklen Verliesen abgespielt haben. In der Zeit der Hexenverfolgungen wurde noch ein weiterer Turm hinzugebaut, der den Namen Hexenturm erhielt. Wie gut, daß wir nicht wissen, was viele sogenannte Hexen an Schrecklichkeiten erdulden mußten.

Heute ist es »Am Kosttor« immer noch idyllisch. Man nennt diesen kleinen Platz auch »Altmünchner Winkel«. Der hübsche Wolfsbrunnen wurde von dem Großhändler Adolf Wolf gestiftet. Auf einer hohen Säule steht das Rotkäppchen mit dem Wolf. Am Fuß der Säule spucken vier furchterregende Wolfsköpfe Wasser ins Becken.

Rechts durch die Neuturmstraße geht's in die Hochbrückenstraße, die früher »Einschütt« hieß, da aller Unrat in den hier fließenden Katzenbach geschüttet wurde. Das hohe weiße Gebäude mit den wehenden Fahnen auf der rechten Seite hat eine wechselvolle Geschichte hinter sich. Heute ist es ein elegantes internationales Hotel.

Wir überqueren den kleinen Platz, in den die Hochbrücken-, die Neuturm-, die Bräuhaus- und die Marienstraße münden. Am Haus Nr. 8 in der Hochbrückenstraße (gegenüber der Polizei) machen wir halt. Wir stehen nun vor dem Moradellihaus, das sich ein aus Italien zugezogener Schlossermeister namens Moradelli bauen ließ. Es ist ein typisches Münchner Bürgerhaus aus der Zeit vor 300 Jahren mit seitlichen Dachgauben, von den Münchnern »Ohrwascheln« genannt. Ursprünglich wurden durch diese Gauben mit einem Flaschenzug schwere Lasten auf den Dachboden des Hauses gezogen. Auch wenn die Toreinfahrt mit den Autos der Wach- und Schließgesellschaft nicht gerade einladend wirkt, so sollten wir doch hindurchgehen und einen Blick auf den stimmungsvollen Laubenhof mit dreiseitig umlaufenden Holzbalkonen werfen. Es ist eines der letzten Beispiele dieser Art in München.

Die Hochbrückenstraße bringt uns wieder ins Tal. Einst führte an dieser Stelle eine Hochbrücke über den Katzenbach.

Das linke Eckhaus ist mit einer überlebensgroßen Figur in mittelalterlichem Gewand geschmückt. Sie stellt einen Bäckerknecht dar, der in der einen Hand eine Lanze und in der anderen eine Schenkungsurkunde trägt. Das dargestellte Haus ist das Bäckerbruderschaftshäusl, das einst hier stand. Eine Tafel darunter erzählt uns die Geschichte dazu: »Hier neben stund das Haus, welches Kaiser Ludwig der Bayer der Bäckerbruderschaft schenkte, weil die Bäckerknechte in der Schlacht bei Ampfing am 28. September 1322 ihm das Leben retteten.«

Viele hundert Jahre lang war das Tal der Sammelplatz für den Fuhrverkehr. Schon früh entstand eine Gastwirtschaft neben der anderen, denn – wie sich denken läßt – waren die von weither kommenden Fuhrleute hungrig und durstig. Hier konnten sie übernachten, ihre

Pferde einstellen und hatten einen Abstellplatz für ihre Wagen. Neben Bäckern und Brauern wohnten im Tal hauptsächlich Handwerker und kleine Handelsleute.

Um zum Isartor zu kommen, wechseln wir die Talseite und treffen auf den Radlsteg. Vor langer, langer Zeit bestand diese kleine Straße nur aus Holzbohlen, die quer über den hier fließenden Stadtbach lagen. Die Zufahrt für Fuhrwerke war durch ein Radl (= Drehkreuz) gesperrt. Die nächste rechts vom Tal abzweigende schmale Gasse ist die Küchelbäckerstraße. Vermutlich hatte hier einst ein Bäcker seine Werkstatt, der außer Brot auch Schmalzkücherl und Krapfen herstellte. Die Sterneckerstraße hat ihren Namen von der Bierwirtschaft »Zum Sternecker«, die viele hundert Jahre hier ihren Sitz hatte.

Wir kommen nun zum Isartor. Der rechte Seitenturm beherbergt das Valentin-Musäum, in dem der edle Blödsinn regiert. Das lassen wir uns nicht entgehen, denn der Eintritt ist billig: Erwachsene zahlen 299 Pfennige, Kinder, Schüler und Studenten 149 Pfennige. 99jährige in Begleitung ihrer Eltern haben freien Eintritt. Wir finden in dem originellen kleinen Museum »Berliner Luft in einer Flasche«, den »Nagel, an den Valentin seinen Schreinerberuf hängte«, einen »pelzbesetzten Zahnstocher für die kalte Jahreszeit« und vieles Unsinnige mehr. Ganz oben im Café angekommen, lassen wir uns häuslich nieder, trinken vielleicht eine Tasse Schokolade und essen dazu eine frischgebackene Schmalznudel (Mittwoch und Donnerstag geschlossen).

Das Isartor ist über 650 Jahre alt. Es gehörte einst zur zweiten Stadtmauer. Unzählige Besucher sind im Laufe der Jahrhunderte hier eingezogen: Gäste, die zu großen Festen kamen, siegreiche Soldaten, feindliche Heere, Handwerksburschen auf der Suche nach Arbeit, Pilger, Schausteller und Händler mit vollgepackten Fuhrwerken. Die meisten von ihnen hatten Salz geladen. Jährlich trafen ungefähr 150 000 Zentner Salz in München ein. Das war im Verhältnis zu der kleinen Bevölkerungszahl eine Riesenmenge. Aus Reichenhall, wo das Salz gewonnen wurde, kam es über Traunstein, Seebruck und Rosenheim nach München. Von hier aus wurde es über Landsberg bis nach Augsburg transportiert und noch weiter.

Alle Städte, die an der Salzstraße lagen, wurden reich, denn sie machten mit dem Salzhandel und dem Salzzoll ein glänzendes Geschäft. Im Jahre 1380 betrugen in München die Steuereinnahmen aus dem Salz mehr als die Hälfte des städtischen Haushaltes.

Zum Transport verwendete man Saumtiere, die mit Salzfässern oder -rädern schwer bepackt wurden. Unter Saum versteht man die Last, die ein Saumtier zu tragen vermochte, nämlich 3 Zentner. Die Männer, die die Saumtiere führten, waren die Säumer. 10 bis 20 Säumer bildeten eine Karawane, die von 20 bis 30 Schützen begleitet wurde, denn es trieb sich allerhand Raubgesindel herum. In einsamen Gegenden gab es auch noch Bären und Wölfe. Im Jahre 1340 bezahlte der Münchner Großzöllner Fangprämien für 888 alte und 370 junge Wölfe. Eine andere Art des Transports waren die oft von mehreren Pferden gezogenen Plachenwagen, die so ähnlich aussahen wie die Planwagen, die wir aus Wildwestfilmen kennen. Sie faßten gute 20 Zentner Salz.

Auf dem Weg von Reichenhall nach München hatten die Händler allerlei strenge Gesetze und Vorschriften zu beachten. So bestimmte der Herzog unerbittlich: »Wer mehr als eine Meile vom Weg abkommt, büßt sein Fuder ein und wird bestraft« oder »Das Salz muß zu München in Stadeln gelagert, verzollt und angeboten werden und soll vom Sonnenaufgang bis zur Abendröte in den Stadtmauern von München sein«. Die oft prächtig bemalten Salzstadel standen in München auf dem heutigen Promenadeplatz, der damals Kreuzstraße hieß, und in der Neuhauser Straße. Den Hauptgewinn am Salzhandel machten die sogenannten Salzsender. Sie hatten den Großhandel in den Händen, wurden davon sehr reich und entwickelten sich zu hochangesehenen Patrizierfamilien. Zu ihnen gehörten zum Beispiel die Familien Ligsalz, Püttrich und Tulbeck. Die geringeren Leute, die nicht soviel Geld hatten, aber auch mit Salz handeln wollten, mußten sich mit kleinen Mengen begnügen. Man nannte sie Kramer oder Salzstößler, weil sie die Salzscheiben zerstießen und in kleinen Mengen verkauften.

Der Name »Salz« stammt von dem lateinischen Wort »sal« und bedeutet auch »Meer«. Wir begegnen diesem Stammwort in »Salat« (gesalzene Speise), »Salami« (Salzwurst) oder »Sülze« (Salzlecke). Die Kelten, eine Völkergruppe, die einst Süd- und Südwestdeutschland bewohnte, sagten zu Salz »hal«. Das ist der Ursprung der Ortsnamen Hall, Hallein oder Reichenhall.

Der menschliche Körper braucht im Jahr rund acht Kilogramm Salz. Diese Menge muß sowohl der König als auch der Bettler haben, wenn er nicht zugrunde gehen will.

Im Volksmund gilt das Salz als ein Symbol der Freundschaft, der Klugheit und der Gesundheit. In einigen Sprichworten hat sich diese Bedeutung bis heute erhalten, so zum Beispiel in: »Salz und Brot macht Wangen rot«, »Das Salz in der Suppe«.

7. Spaziergang

Theatinerstraße – Salvatorstraße –
Salvatorplatz – Jungfernturmstraße –
Maximiliansplatz – Rochusbergstraße –
Rochusstraße – Pacellistraße – Max-
burg – Pacellistraße – Promenadeplatz –
Hartmannstraße – Löwengrube –
Schäfflerstraße – Theatinerstraße

Ausgangspunkt: Odeonsplatz

Der Odeonsplatz ist einer der schönsten
Plätze Münchens. Sein Erbauer ist König Ludwig I. Als er an die Regierung kam, versprach
er: »Ich will aus München eine Stadt machen,
die Deutschland so zur Ehre gereichen soll,
daß keiner Deutschland kennt, wenn er München nicht gesehen hat.« Wie wir hier sehen
können, hat er sein Versprechen gehalten.
Auf drei Seiten wird der Platz von besonders
eindrucksvollen Bauten begrenzt. Die Residenz, die sich weit in die Residenzstraße hin-
einzieht, ist die östliche Begrenzung. Kurfürst
Maximilian hat dieses Gebäude, das nur Teil
einer großen Anlage ist, errichten lassen.
Die angrenzende Feldherrnhalle hat König
Ludwig vor etwa 150 Jahren (1841) zum
Ruhme des bayerischen Heeres und zu Ehren
der beiden berühmten Feldherren Tilly und von
Wrede erbauen lassen. Zwischen den beiden
mächtigen Löwen aus Stein steigen wir die
Stufen hinauf und blicken auf die Ludwig-

straße. Sie ist eine der schönsten Straßen Europas, 37 Meter breit, etwas über 1 Kilometer lang und endet am Siegestor. An der Ludwigstraße befinden sich die Universität, an der rund 48 000 Studenten studieren, und die Staatsbibliothek, wo etwa 4,8 Millionen Bücher gesammelt sind.

Der dritte in warmem Gelb erstrahlende Bau ist die gewaltige Theatinerkirche. Sie verdankt ihr Entstehen einem Gelöbnis des Kurfürstenpaares Ferdinand Maria und Henriette Adelaide, die in der gegenüberliegenden Residenz wohnten. Die beiden Fürstenkinder waren erst 14 Jahre alt, als sie auf Befehl ihrer Eltern miteinander verheiratet wurden. Lange Jahre blieb der ersehnte Thronfolger aus. Der heilige Cajetan wurde um Hilfe angefleht, und 1662 brachte Henriette Adelaide endlich einen Sohn zur Welt. Der glückliche Vater gab sofort den Auftrag zum Bau einer Kirche, die dem heiligen Cajetan geweiht werden sollte. Henriette Adelaide befahl dem Baumeister: »Achtet alleinig darauf, daß sie die schönste und wertvollste Kirche, wie keine andere der Stadt werde!« Nehmen wir uns die Zeit und lassen bei einem Rundgang die wundervolle Ausstattung und die ruhige, feierliche Atmosphäre der über 300 Jahre alten Kirche auf uns wirken.

Gleichzeitig mit der Kirche wurde auch das anschließende Theatinerkloster errichtet. Auf Wunsch der Kurfürstin sollte der Orden der Theatiner (katholischer Männerorden) von Italien nach München berufen werden. Die Thea-

tinermönche waren zur völligen Armut verpflichtet. Sie durften nicht einmal betteln, sondern mußten warten, bis ihnen von Gläubigen
Nahrung gebracht wurde. Für eventuelle Not-
fälle wurde im Kloster eine »Hungerglocke«
angebracht. Sie sollte geläutet werden, wenn
die Mönche länger als drei Tage ohne Nahrung
waren.

*Viele Jahre brachten gutherzige Menschen
den Mönchen Essen und Trinken. Doch langsam wurde es weniger und weniger, denn
jeder dachte, der andere würde sich schon
darum kümmern. Da ertönte am St.-Peters-
Tag des Jahres 1727 eine Glocke, die nicht
mehr aufhören wollte zu läuten. Die Menschen
liefen aufgeregt zusammen, denn keiner hatte
die Glocke jemals zuvor gehört. Endlich kam
einer auf die Idee, daß wohl die Theatinermön-
che in großer Not die Hungerglocke läuteten.
Nun hatten alle ein schlechtes Gewissen, liefen
nach Hause, holten das Beste aus Küche und
Keller und schafften es zum Kloster. Die vom
Hunger geschwächten Mönche nahmen all die
herrlichen Speisen und Getränke dankbar entgegen. Von nun an wurden sie wieder regelmäßig versorgt und nur noch einmal, 15 Jahre
später, mußte die Hungerglocke geläutet werden.*

Wir spazieren ein kleines Stück in die Theatinerstraße und biegen rechts in den Theatiner-
hof, den ehemaligen Klosterhof. Von hier gön-
nen wir uns nochmal einen Blick hinauf zu den
gewaltigen Kuppeln der Theatinerkirche.

Die moderne Brunnenanlage in der Mitte des Hofes ist ein Kunstwerk aus weißem Marmor. In Intervallen spritzt aus 80 Düsen das Wasser empor. Durch den gegenüberliegenden Ausgang verlassen wir den Hof wieder.

Am Klostergebäude vorbei, in dem sich heute das Bayerische Staatsministerium für Unterricht und Kultus befindet, kommen wir zur Salvatorkirche. Wir gehen rechts herum, passieren das hölzerne Eingangstor und verweilen auf dem kleinen Platz an der Turmseite.

Man sieht es den alten verwitterten Ziegelsteinen an, daß sie 500 Jahre lang allen Stürmen der Zeit getrotzt haben. Drei Jahrhunderte war die Kirche von einem Friedhof umgeben. Viele Münchner, darunter berühmte Künstler, Ärzte und Schriftsteller, hatten hier ihre letzte Ruhestätte gefunden. Als vor 200 Jahren die Beisetzung der Toten innerhalb der Stadtmauern verboten wurde, mußten die Gräber ausgehoben werden. Gegen den erbitterten Widerstand der Bürger, die ihre Toten auch weiterhin auf diesem Friedhof besuchen wollten, wurden die Gebeine auf Karren geladen und zum heutigen Südfriedhof gebracht. Von nun an wurden in der Kirche Gemälde gelagert, später stellte man Kutschen unter. Dann wurde sie von König Ludwig I. der griechisch-orthodoxen Kirchengemeinde übergeben, in deren Besitz sie heute noch ist.

Durch das meist einladend geöffnete Tor betreten wir die kleine Kirche mit dem schönen spätgotischen Netzgewölbe. Die Kirche

ist – ein bißchen anders als unsere Kirchen –
mit Kristallüstern und Teppichen fast wohn-
lich ausgestattet. Die mit christlichen Bildern
geschmückte Altarwand nennt man Ikono-
stase. Nur Männern ist es gestattet, durch die
Schwingtür zu dem dahinterliegenden Altar zu
treten.

Wenn wir die Kirche verlassen haben, halten
wir uns rechts und passieren das Literatur-
haus. Hier gibt es neben Lesungen und anderen kulturellen Veranstaltungen auch ständig
wechselnde Bücherausstellungen. Wir schau-
en auf jeden Fall mal hinein, denn vielleicht
gibt es gerade etwas für Kinder Interessantes
zu sehen. Außerdem finden wir im gleichen
Gebäude das »Kaffeehaus«, wo es etwas
zum Essen und verschiedene Erfrischungen
zu erstehen gibt.

Nach wenigen Metern erreichen wir nun die
Jungfernturmstraße, in die wir links einbiegen.
Linker Hand sehen wir die einzigen Überreste
der uralten zweiten Stadtmauer, die Kaiser
Ludwig der Bayer anlegen ließ. Heute noch
können wir die Stadtseite des vor 180 Jahren
abgetragenen Jungfernturmes erkennen. Von
jeher war dieses Bauwerk den Münchnern
unheimlich:

*Es wird berichtet, daß sich im Innern des Tur-
mes eine »Eiserne Jungfrau« befand. Ein zum
Tode Verurteilter wurde vor sie hingeführt, und
ihm wurde befohlen, die Jungfrau zu küssen.
Trat der Todeskandidat einen Schritt vor, um
den Befehl auszuführen, öffnete sich unter*

seinen Füßen eine unsichtbare Falltür, durch die der Unglückliche in ein unterirdisches Verlies stürzte und auf Nimmerwiedersehen verschwand.

Die Münchner waren froh, als der geheimnisumwitterte Turm vor fast 200 Jahren endlich abgerissen wurde.

Die Jungfernturmstraße endet am Maximiliansplatz. Wir gehen durch die kleine Gasse, die links abzweigt und kommen zur Rochusbergstraße, in die wir rechts einbiegen.

Am Ende der Straße finden wir im linken Eckhaus das Siemens-FORUM, ein sehr interessantes Museum, das die Entwicklung der Technik zeigt. Außerdem gibt es ständig wechselnde Sonderausstellungen, Vortrags- und Diskussionsveranstaltungen. Sicher gibt es eine ganze Menge für uns Interessantes zu sehen. Der Eintritt ist frei.

Am 200 Jahre alten Maxtor, das von zwei Löwen flankiert wird, nimmt die Prannerstraße ihren Anfang:

Vor langer Zeit ging in dieser Straße ein Gespenst um. Es war fürchterlich dick und sprach nie ein Wort. Es heftete sich an die Fersen der nächtlichen Spaziergänger und ließ sich weder durch Anbrüllen noch durch Beschimpfungen abschütteln. Erst am Ende der Straße löste es sich in Luft auf. Viele Jahre trieb das dicke Gespenst sein Unwesen, bis es eines Tages spurlos verschwand.

Wir lassen das Maxtor rechts liegen und gehen geradeaus weiter in die Rochusstraße.

Gegenüber dem Erzbischöflichen Ordinariat, auf der rechten Seite am Haus Nr. 2, erinnert eine Tafel an das vor über 200 Jahren abgerissene St.-Rochus-Pilgerspital: »Hier stand das Pilgerspital und die Kirche zum heiligen Rochus, gestiftet und erbaut von Herzog Wilhelm V. im Jahre 1589 und abgebrochen im Jahre 1789.« Es diente der Pflege durchziehender, kranker Pilger. Seinen Namen hat das Spital vom heiligen Rochus:

Rochus war der Sohn reicher Eltern und verschenkte nach deren Tod sein großes Vermögen an die Armen. Dann verließ er seinen Heimatort, zog umher und widmete sich der Pflege von Alten und Kranken. Während einer Pestepidemie wurde er selbst von dieser furchtbaren Krankheit ergriffen, aber auf wundersame Weise wieder geheilt. Viele Jahrhunderte galt er als Fürbitter der Pestkranken.

Die Rochusstraße mündet in die Pacellistraße. Das linke Eckgebäude ist die Dreifaltigkeitskirche. Auch sie wurde, wie die Theatinerkirche, von italienischen Baumeistern geplant und erbaut. Treten wir ein in den hellen, ungewöhnlich eleganten Kirchenraum, der wie der Saal eines Schlosses mit Lüstern und Spiegeln ausgestattet ist. Eine Schrifttafel gleich an der linken Wand erinnert an die Gründung. Zum Schluß heißt es dort: »Die Stadt läg in dem Grund, wann diese Kirch nit stund.« Damit hat es folgende Bewandtnis:

Vor etwa 280 Jahren kämpften die Bayern in einem grausamen Erbfolgekrieg gegen die

Österreicher. Es stand schlecht um die Bayern, denn sie hatten eine wichtige Schlacht verloren. Die Feinde rückten nach München vor, und in der Stadt herrschten Angst und Schrecken. Man befürchtete Plünderung, Mord und Brand. Da weissagte ein frommes Mädchen namens Maria Anna Lindmayr, daß München von der Zerstörung verschont bliebe, wenn man der Heiligen Dreifaltigkeit (Gott Vater, Sohn und Heiliger Geist) eine Kirche weihen würde. So gelobten die Geistlichkeit, der Adel und die Bürgerschaft den Bau eines Gotteshauses. Die Stadt wurde tatsächlich nicht zerstört, und sieben Jahre nach Kriegsende begann man mit dem Bau der Kirche.

Wir halten uns rechts in Richtung Maximiliansplatz und überqueren an der Ampelanlage die Pacellistraße.

Wenn wir nun zurückblicken, können wir uns an Münchens schönstem Brunnen erfreuen, dem Wittelsbacher Brunnen. Die beeindruckende Anlage, die zwischen Lenbach- und Maximiliansplatz liegt, ist aus weißem Marmor erbaut. Die Figuren zeigen die beiden Urkräfte des Wassers: Die Frau, die mit einer Schale in der Hand auf dem Stier sitzt, versinnbildlicht die segen- und heilspendende Kraft des Wassers, der Felsen schleudernde Jüngling auf dem Pferd die zerstörende Kraft. Der eckige Turm, den wir links sehen, gehörte einst zur Herzog-Max-Burg, die im Krieg durch Bomben völlig zerstört wurde. Der moderne Neubau, zu dem der Turm heute gehört, fand bei den Münchnern wenig Anklang. Da sich schon bald die Platten von den Außenwänden lösten und herabfielen, machte der Volksmund aus der Maxburg die »Murksburg«. Heute befindet sich hier das Amtsgericht.

Geradeaus, durch die Passage, erreichen wir einen begrünten Innenhof. Fernab vom Straßenlärm können wir uns hier ein bißchen ausruhen. Wenn es die alte Maxburg auch nicht mehr gibt, so hat sich doch eine Sage erhalten, die von einem seltsamen Vorfall erzählt, der sich dort zugetragen hat:

An einem sehr kalten Winterabend stand ein junger Soldat vor dem Burgtor auf Wache. Er war müde und schlotterte vor Kälte. Plötzlich sah er eine dunkle Frauengestalt vorüberhuschen. Wie ihm befohlen, rief er die Gestalt an und fragte nach ihrem Namen. Die Frau dreht sich langsam um, und zu seinem Entsetzen erkannte der Soldat die längst verstorbene Kurfürstin Marianne. Ihn packte solche Angst, daß er seinen Auftrag Wache zu stehen völlig vergaß und blindlings in den Burghof rannte. Dort brach er ohnmächtig zusammen. Nun begann es in dicken Flocken zu schneien, und als der Morgen graute, war der arme Soldat ganz vom Schnee bedeckt. Jetzt endlich vermißten ihn seine Kameraden und machten sich nach ihm auf die Suche. Als sie ihn gefunden hatten, gab er nur noch schwache Lebenszeichen von sich. Doch gottlob war der Soldat jung und kräftig und erholte sich bald. Nun konnte er den anderen von seinem unheim-

lichen nächtlichen Erlebnis erzählen. Zunächst wollte ihm keiner glauben, bis auch andere der toten Kurfürstin begegneten. Da sie aber ein gutmütiger und freundlicher Geist war, hatten sich bald alle an den seltsamen Hausgenossen gewöhnt und machten keinerlei Aufhebens mehr davon.

Wenn wir jetzt links am Amtsgericht entlanggehen, kommen wir zum Mosesbrunnen. Moses ist die bedeutendste Gestalt des Alten Testaments. Hier steht er auf einem sieben Meter hohen Granitstein, der im Fichtelgebirge gefunden und hierher gebracht wurde. Moses weist mit der Hand auf das kostbare Wasser, das er mit seinem Stab aus dem Felsen geschlagen hat.

Wir gehen am Brunnen vorbei und halten Ausschau nach einem Buntspecht, der auf unserem Weg zurück zur Pacellistraße irgendwo an einem Stamm hochklettert. Ein unbekannter Tierfreund hat ihn hier wohl verewigt. Habt ihr den Vogel gefunden?

Wieder an der Pacellistraße angelangt, halten wir uns rechts und kommen zum Promenadeplatz. Er trug früher den Namen Kreuzgasse und war Münchens einträglichster Marktplatz. Hier standen die Salzstadel, in denen das kostbare Salz gelagert und gehandelt wurde. Um den Platz herum und in den anliegenden Gassen standen die Häuser der reichen Salzhändler sowie prächtige Adelspaläste. Als die Stadt sich nach und nach mehr ausweitete, wurde auch das Getümmel auf dem Platz immer größer. Das Geschrei der Händler und das Knarren und Rattern der Fuhrwerke ärgerte die reichen und vornehmen Anwohner, und so ließen sie keine Ruhe, bis die Salzstadel endlich außerhalb der Stadt in die heutige Arnulfstraße verlegt wurden. Nun ließ man die noch störenden Gebäude abreißen und Lindenbäume anpflanzen. So wurde aus der geschäftigen Kreuzgasse der Promenadeplatz, auf dem die vornehme Welt spazierenging.

Von einem reichen Anwohner dieses Platzes hat sich eine unheimliche Geschichte erhalten: *Obwohl in München eine große Hungersnot herrschte, hatte der geizige Mann alle Speicher seines großen Hauses mit Korn vollgestopft, das er zu Wucherpreisen verkaufte. Im Rückgebäude wohnte eine arme Familie mit sieben Kindern. Als sie die Miete nicht mehr bezahlen konnte, jagte der böse Geizkragen sie aus dem Haus. Da verfluchte die arme Frau ihn mit den Worten: »Ratten und Mäuse sollen über deinen Speicher kommen und alles vernichten!« Schon nach kurzer Zeit ging der Fluch in Erfüllung. Überall im Haus wimmelte es von Ratten und Mäusen. Der verzweifelte Mann legte sich mehrere Katzen zu, aber es half nichts. Schon bald waren die Speicher leergefressen und voller Mäusedreck. Von all dem Unglück wurde seine Frau trübsinnig und starb. Kurz darauf mußte er auch sein einziges Kind zu Grabe tragen. Soviel Pech konnte selbst er nicht ertragen. Er nahm einen Strick, ging auf seinen leergefressenen Dachboden und erhängte sich.*

Und wenn ihr denkt, daß es nun genug des Unglücks ist, so habt ihr euch getäuscht, denn auch im Tode fand der Geizkragen keine Ruhe. In Gestalt einer großen schwarzen Katze geistert er bis heute ruhelos durchs Haus.

Vom Promenadeplatz gehen wir rechts (hinter dem Bankhaus Maffei) in die Hartmannstraße und kommen zur Löwengrube, in die wir links einbiegen. Die Straße verdankt ihren Namen einem inzwischen verschwundenen Bild an einer Hauswand, das Daniel in der Löwengrube darstellte.

Daniel war einer der großen Propheten Israels. Um ihn zu vernichten, warfen ihn seine grausamen Feinde in eine Grube, in der Löwen gehalten wurden. Doch die gefährlichen Raubtiere taten Daniel nichts, obwohl man ihnen längere Zeit nichts zum Fressen gegeben hatte. Auf wundersame Weise blieb Daniel unversehrt.

Auch die weltbekannte Löwenbrauerei, die früher hier ihr Bier herstellte, ist so zu ihrem Namen gekommen.

Vor langer Zeit lebte in dieser Straße der unglückliche Gastwirt Johann Jäger. Er war einer der Anführer des Sendlinger Bauernaufstandes im Jahre 1706:

Bayern war in dieser Zeit von den Österreichern besetzt. Diese wüteten furchtbar im Land, plünderten die Menschen aus und führten ein strenges Regiment. Schließlich verlangten sie 12 000 junge Bayern, die für sie in

Italien und Ungarn kämpfen sollten. Da war das Maß voll. Eine Welle der Empörung ging durchs bayerische Land. 5000 Bauern aus dem Oberland bewaffneten sich mit Äxten, Keulen und Sensen und zogen gegen das besetzte München. Ihr Anführer war ein riesenhafter, bärenstarker Schmied aus Kochel. Die Aufständischen hatten sich mit zahlreichen Münchner Bürgern heimlich verbündet. Gemeinsam wollten sie die Österreicher überrumpeln und aus dem Land jagen. Sehr schlecht ausgerüstet, aber wild entschlossen und mit Löwenmut kamen die Männer ans Sendlinger Tor. Aber nicht ihre Verbündeten öffneten das Stadttor, sondern die feindlichen Österreicher. Der Plan war verraten worden. In einem fürchterlichen Kampf wurden die Aufständischen niedergemetzelt. Die Anführer, die das Gefecht überlebt hatten, wurden hingerichtet. Unter ihnen war der in München allseits beliebte Gastwirt Johann Jäger. Man schleppte ihn auf den Marienplatz, schlug ihm den Kopf ab und vierteilte seinen Leib.

Wir gehen an der Frauenkirche vorbei, deren ganze beeindruckende Größe wir von hier bewundern können. In der links abzweigenden Windenmacherstraße hatten im Mittelalter die in einer Zunft zusammengeschlossenen Windenmacher ihre Werkstätten. Sie stellten Seilwinden zum Hochziehen schwerer Lasten her. Auch der Erbauer der Frauenkirche, Jörg von Halspach, hatte hier, ganz in der Nähe zu seinem meisterlichen Bauwerk, sein Wohnhaus.

Die Löwengrube geht nun in die Schäfflerstraße über, die in die Theatinerstraße mündet.
Beide Eckhäuser am Ende der Straße sind mit
einem Schäfflertänzer verziert. Sie sollen daran erinnern, daß noch bis zum Jahre 1900 in
der Schäfflerstraße die Schäffler ihre Werkstätten hatten und dort alle benötigten Geräte aus
Holz wie Fässer, Schüsseln, Löffel, Schaffeln
und ähnliches anfertigten. In der Mitte der
Straße verlief damals ein Stadtbach.
Wo die Schäfflerstraße in die Weinstraße mündet, stand in alter Zeit der Spiegelbrunnen.
Wer die Geschichte noch nicht vom 4. Spaziergang her kennt, dem sei sie hier zum
Abschluß unseres Spazierganges erzählt:
*In alter Zeit gab es an dieser Stelle einen Zieh-
brunnen, aus dem man das Wasser mit Kübeln
heraufziehen mußte. Da es früher in den Häusern keine Wasserleitungen gab, hatten die im
ganzen Stadtgebiet verteilten Brunnen eine
große Bedeutung. Hier holte man sich Wasser
zum Trinken, zum Waschen und zum Gießen
der Gärten.*
*Doch eines Tages passierte etwas ganz
Schauerliches. In dem Brunnen, hier an der
Schäfflergasse, ließ sich ein furchterregender
Drache nieder, einer von jenen mit dem tödlichen Blick. Ein folgenschweres Ereignis für die
Bürger, die aus dem Brunnen Wasser schöpfen wollten. Denn schauten sie beim Hinablassen ihres Wassereimers dem Untier in die
Augen, fielen sie auf der Stelle tot um. Man
kann sich vorstellen, daß sich panische Angst*

breitmachte und alle in einem großen Bogen um den todbringenden Brunnen herumgingen. Auch wurde das Wasserholen nun noch beschwerlicher, denn man mußte einen weiteren Weg zum nächsten Brunnen in Kauf nehmen.

So ging es lange Zeit, bis eines Tages ein besonders schlauer Münchner Bürger eine sehr gute Idee hatte: Er schleppte gemeinsam mit ein paar anderen Männern einen großen Spiegel herbei, und sie legten ihn umgekehrt über die Brunnenöffnung. Als nun der Drache nach oben blickte, sah er sich selber in die Augen und fiel, wie vom Blitz getroffen, tot um. Nun konnte der Brunnen endlich wieder benutzt werden, doch er hieß seit dieser Zeit nur noch »Spiegelbrunnen«.

8. Spaziergang

Sendlinger-Tor-Platz – Sendlinger
Straße – Hackenstraße – Brunn-
straße – Asamhof – Kreuzstraße –
Damenstiftstraße – Herzogspital-
straße – Herzog-Wilhelm-Straße –
Neuhauser Straße – Karlstor

Ausgangspunkt: Sendlinger Tor

Vom Sendlinger-Tor-Platz kommend, stehen
wir vor zwei sechseckigen Flankentürmen und
einem großen Tor in der Verbindungsmauer.
Es ist das Sendlinger Tor. Dahinter liegt der
Wehrhof. Die Anlage gehörte zum zweiten
Mauerring, der vor etwa 660 Jahren die Stadt
umschloß.

Der Mauergürtel, den der Gründer von München, Heinrich der Löwe, um die Stadt gezogen hatte, war sehr schnell zu eng geworden,
denn die Stadt hatte durch den Salzhandel
großen Aufschwung genommen. Als dann
noch ein verheerendes Feuer ein Drittel der
Stadt vernichtete, beschlossen die Münchner,
ihre Stadt wieder aufzubauen und gleichzeitig
zu erweitern. Ein paar hundert Meter außerhalb der alten Mauer fingen sie an, einen Graben zu schaufeln. Alle arbeitsfähigen Einwohner, Männer wie Frauen, mußten mithelfen. In
die fertigen Gräben wurde Wasser aus der Isar
geleitet. Dahinter wurde die neue doppelte
Mauer mit vielen eckigen und runden Türmen

errichtet. Auch baute man große eisenbe-
schlagene Tore ein. Diese waren mit gewaltigen Fallgittern versehen, die zum Öffnen
hochgezogen werden mußten.

Das Sendlinger Tor ist eines der vier Haupttore
der zweiten Mauer, die bis vor knapp 200 Jahren die Stadt umschloß. Noch zwei weitere
Tore aus dieser Zeit sind bis heute erhalten:
das Isartor und das Neuhauser oder Karlstor.
Im Winter wurden die Tore abends um 9 Uhr
geschlossen, im Sommer um 10 Uhr. Neben
den Haupttoren gab es kleine Einlaßtore,
durch die späte Gäste und Nachzügler herein-
gelassen wurden. Allerdings mußten sie dafür
bezahlen, und zwar für jede Person und jedes
Tier 6 Kreuzer. Innerhalb der Mauer machte
vom Einbruch der Dunkelheit bis zum Morgen-
grauen der Nachtwächter mit Lanze und
Laterne seine Runde.

Ganz in der Nähe des Sendlinger Tores stand
einst das Faustürmchen. Wie es zu seinem
Namen kam, erfahren wir aus einer alten Sage:
*Vor langer Zeit lebte in der Umgebung von
München ein gefürchteter Raubritter. Er war
unersättlich und hätte auch gerne in der Stadt
sein Unwesen getrieben. Da aber alle Stadttore gut bewacht wurden, und sich jeder Besucher ausweisen mußte, war es ihm unmöglich,
unerkannt in die Stadt zu gelangen. Da hörte er
von einem besonders geldgierigen Münchner
Bürger. Als dieser eines Tages die Stadt verließ, paßte ihn der Raubritter ab und überre-
dete ihn, gegen einen gehörigen Batzen Geld*

nachts heimlich ein Tor zu öffnen und ihn einzulassen. Das Gespräch wurde aber von einem zufällig Vorübergehenden belauscht und sofort beim Stadtrat gemeldet. Und noch ehe der finstere Plan ausgeführt werden konnte, wurde der bestechliche Bürger verhaftet und vor Gericht gestellt. Wegen des besonders ehrlosen Vorhabens des geldgierigen Bürgers und zur Abschreckung für alle anderen fiel die Strafe außergewöhnlich grausam aus. Der Verbrecher wurde bei lebendigem Leib in den Turm eingemauert, wo er elend zugrunde ging. Zur Erinnerung an dieses schlimme Ereignis wurde auf der Turmspitze eine drohende Faust angebracht.

Von da ab spukte es in dem Türmchen. Wenn nämlich, was doch hin und wieder vorkam, ein Unschuldiger hingerichtet worden war, erglühte in der Nacht nach der Urteilsvollstreckung die Faust auf der Turmspitze in einem unheimlichen roten Licht. Gleichzeitig dröhnten an der Haustür des Scharfrichters drei dumpfe Schläge. Dieser meldete das Ereignis dann sofort dem Stadtrat, und am anderen Tag wurden alle Münchner aufgefordert, für das Seelenheil des Verstorbenen zu beten.

Wer in alter Zeit nach Österreich oder Italien fahren wollte, mußte die Stadt auf der Sendlinger Straße verlassen. Auf einem einfachen Schild war zu lesen: »Straße nach Italien«. Wegen des immer stärker werdenden Verkehrs siedelten sich nach und nach mehrere Gasthäuser und Brauereien an der Straße an.

Gehen wir ein Stück in die abwechslungsreiche Straße hinein, bis wir zu dem schön bemalten Gebäude (Nr. 29/30) auf der rechten Seite kommen. Es ist das »Haus zum Singlspieler«. Ein Franz Singlspieler hat es vor ungefähr 300 Jahren gekauft und dem Haus seinen Namen gegeben. Er hat dort über viele Jahrzehnte eine der bekanntesten Brauereien der Stadt betrieben. Die Bemalung zeigt eine in Tracht gekleidete Tänzerin und einen Flöte spielenden Musikanten. Außerdem sehen wir eine Huf- und Wagenschmiede, die früher in der Sendlinger Straße beheimatet war, und eine alte Ansicht vom Sendlinger Tor. Aufwendig verziert sind auch die beiden Hausecken: eine Schutzgöttin, die das Modell des Singlspielerhauses in Händen hält, sowie Justitia, die Göttin der Gerechtigkeit mit Schwert und Waage.

Dem Singlspielerhaus gegenüber sehen wir die St.-Johann-Nepomuk-Kirche, von den Münchnern nur Asamkirche genannt. Mitten in der Häuserzeile steht dieses berühmte Gotteshaus. Sein Dach krönt ein kleines Türmchen. Die Außenwand ist so prunkvoll gestaltet, daß sie die Blicke der Vorübergehenden auf sich zieht. Erbauer der Kirche sind die Brüder Egid Quirin und Cosmas Damian Asam.

Links daneben, im Haus mit der auffallend reich und kunstvoll geschmückten Fassade, haben die beiden hochbegabten Künstler gewohnt. Wegen ihres großen Könnens genossen sie in ganz Deutschland höchstes

Ansehen. Ihre Auftraggeber waren die Mitglieder des Hochadels, die ihre Schlösser und Palais verschönern ließen, sowie hohe kirchliche Würdenträger, an deren Kirchen, Residenzen und Klöstern die Asams arbeiteten. Da die Brüder sehr fleißig und geschäftstüchtig waren, brachten sie es schnell zu großem Wohlstand. Ihr Selbstbewußtsein war so ausgeprägt, daß sie beim zuständigen Kardinal und beim Kurfürsten um die Genehmigung baten, gleich neben ihrem Wohnhaus ein »liabs Kircherl« erbauen zu dürfen. Sie mußten lange verhandeln, denn es war noch nie vorgekommen, daß sich zwei Handwerker ein eigenes Gotteshaus bauen wollten.

Egid und Cosmas führten fast alle künstlerischen Arbeiten sowohl an ihrem Wohnhaus als auch an der Kirche selbst aus. So schnitzten sie das kunstvolle Eingangstor der Kirche, formten Figuren und malten Bilder. Über dem Eingang sehen wir den betenden heiligen Nepomuk, der seinen Blick himmelwärts wendet. Darüber, in strahlendem Gold, das Herz Jesu.

Durch das Tor betreten wir den schmalen, hohen Kirchenraum. Die Wände sind mit zahllosen Girlanden und Kränzen aus goldenen Blumen, Blättern und Früchten ausgeschmückt. Engelsköpfe und Heiligenfiguren blicken auf uns hernieder. Ganz geheimnisvoll wird uns zumute.

Der zweistöckige Altar ist prächtig verziert. Bekrönt wird er von einem freischwebenden

Gnadenstuhl hoch oben im Gesims: Gottvater hält der Kirchengemeinde seinen an einem mächtigen Kreuz hängenden Sohn entgegen. Darüber schwebt der Heilige Geist in Form einer Taube.

Das herrliche, durchgehende Deckengemälde zeigt Szenen aus dem Leben des heiligen Nepomuk. Zur Zeit seiner Entstehung galt es weit und breit als Sensation, denn, obwohl die Decke nur leicht gewölbt ist, erscheint es dem Betrachter, als würde er in ein unendlich hohes Himmelsgewölbe blicken.

Was hat die Brüder wohl veranlaßt, diese wunderschöne Kirche zu bauen?

Eines Tages fuhren die beiden die Donau hinunter. Ihr Boot war schwer beladen mit Kirchenschmuck für das Kloster Weltenburg, an dessen Kirche die Brüder gerade arbeiteten. Plötzlich kam ein starker Sturm auf. Das Boot wurde hin- und hergeworfen und kam gefährlich nahe an die felsigen Uferwände. Egid und Cosmas fürchteten um ihr Leben und riefen den Brückenheiligen Nepomuk um Hilfe an. Tatsächlich erreichten sie unbeschadet das rettende Ufer des Klosters Weltenburg.

Aus Dankbarkeit gelobten die Brüder, dem Heiligen eine Kirche zu erbauen. Noch heute erinnern die beiden Felsen links und rechts der Eingangstreppe an das gefährliche Erlebnis.

Wir verlassen die Kirche und halten uns weiter links, bis wir zur Hackenstraße kommen, in die wir einbiegen. Wer früher hier sein Haus hatte, wohnte »An der Hundskugel«.

An der Ecke Hotter-/Hackenstraße steht München's ältestes Gasthaus »Hundskugel«. Das Halbgiebelhaus ist ungefähr 550 Jahre alt. An der Front sehen wir noch einen Aufzugsbalken, an dem einst schwere Lasten auf den Dachboden gezogen wurden. Ein schönes altes Wirtshausschild lädt schon von weitem zum Einkehren ein.

Im anschließenden Haus (Nr. 8) wurde vor etwa 160 Jahren der Maler Anton Doll geboren:

Sein Vater war Lehrer und hatte zehn Kinder. Anton war hochbegabt und malte wunderschöne Landschaftsbilder. Auf der Londoner Kunstausstellung wurde ihm sogar für eines seiner Gemälde eine Goldmedaille verliehen. Trotzdem lebten er und seine Familie in ständiger Geldnot. Als er nach langem schweren Leiden viel zu früh an Lungenschwindsucht starb, war er völlig verarmt. Wie ein Bettler wurde er zu Grabe getragen. Seine ganze Hinterlassenschaft waren ein Bett, ein Malschrank, eine Uhr, ein paar Kleider und eine Staffelei. Alles zusammen war nur 86 Mark wert. Würde er heute leben, wäre er sicherlich ein hochgeachteter, reicher Mann, denn als im Jahre 1976 eines seiner Bilder den Besitzer wechselte, mußte der Käufer 40 000 Mark bezahlen.

Am Haus Nr. 10 weist eine Tafel darauf hin, daß hier vor über 250 Jahren zwei der berühmtesten bayerischen Bildhauer zu Hause waren: Johann Baptist Straub und Roman Anton Boos, der als junger Mann in die Werkstatt von

Meister Straub eintrat und dessen bildhübsche Tochter Maria Theresia Amalia heiratete. In den Räumen im Erdgeschoß hatten die beiden großen Künstler ihre Werkstatt. Hier schnitzten sie Altarausstattungen, Engel oder Heilige, die im ganzen Land hochbegehrt waren. Die kostbare Madonna, die wir an der Hausfront sehen, wurde noch von Meister Straub erschaffen.

Lange Zeit war es in München üblich, sein Haus mit einer Madonna zu schmücken. Man machte es dem Kurfürsten Maximilian nach, der an »seinem Haus«, der Residenz, auch eine Madonna hatte anbringen lassen. Wir können auf unserem Spaziergang mehrere Beispiele dieser Art entdecken.

Außerdem sehen wir an der Hausfront ein seltsames Steinrelief, das auf die ehemalige Straßenbezeichnung »Hundskugel« hinweist: Es zeigt sechs Hunde, die mit einem großen Ball spielen:

Man erzählt sich, daß in alter Zeit ein Rudel Hunde durchs Neuhauser Tor tobte und spielerisch eine Kugel vor sich herschob. Die Hunde durchzogen die ganze Neuhauser und Kaufingerstraße und das Rosental. Durch die Sendlinger Straße ging's bis zur Hackenstraße, wo sie die Kugel liegenließen und auf Nimmerwiedersehen verschwanden.

Andere wiederum meinen, die ehemalige Ortsbezeichnung »An der Hundskugel« stamme von einem Badhaus, das sich hier einst befand. Seine Besucher waren arme Leute, sogenannte »Hundsfötte«. In dem Bad sollen auch die zum Tode Verurteilten gewaschen und geschoren worden sein.

Die Straße macht hier einen Knick und trägt nun den Namen Brunnstraße. Wir stoßen direkt auf den Radspielerbrunnen. Die kleine gemütliche Straßenecke lädt zum Rasten ein. Wir können eine Weile das Rad in der Brunnenanlage beobachten, das sich, von einem Wasserstrahl angetrieben, spielerisch dreht.

Das große, gelb gestrichene Eckhaus auf der linken Straßenseite ist das Radspielerhaus. Es hat im Laufe der Zeit viele hochstehende Persönlichkeiten beherbergt. Auch der berühmte deutsche Dichter Heinrich Heine hat hier eine Zeitlang gewohnt. Durch ein Schaufenster können wir auf einen stimmungsvollen Innenhof mit einem alten Brunnen blicken. Früher hat es viele solche Innenhöfe in München gegeben. Die Vergolderfamilie Radspieler, der das Haus seit 1848 gehörte, hat ihm seinen Namen gegeben.

Im Hackenviertel, durch das wir heute spazieren, gibt es noch mehrere sogenannte Hauszeichen. Eines haben wir schon gesehen, das Relief mit den Hunden. Mit diesen Hauszeichen hat es eine besondere Bewandtnis:

Früher konnten die meisten Leute weder schreiben noch lesen. Damit sich trotzdem jeder in der Stadt zurechtfinden konnte, brachte man an den Hauswänden und -ecken verschiedene Bilder oder Zeichen aus Stein,

Eisen oder Holz an. Bis heute sind einige davon erhalten geblieben. Da gibt es noch das Rosen- und das Schäfflereck, das Wurm- und das Kloibereck. Auch der Brauch der Wirtsleute, sogenannte »Nasenschilder« über die Eingangstür zu hängen, hat sich bis in unsere Zeit erhalten. Wir alle kennen solche kunstvoll geschmiedeten Eisenschilder mit einer goldenen Krone, einem schwarzen Adler, einem Ochsen, einem Weinglas oder einem Hahn. Die Handwerker machten es ebenso. Der Schuster hängte einen Stiefel über seine Ladentür, der Schmied ein Hufeisen über den Eingang seiner Schmiede, der Bäcker eine Brezn über die Backstubentür, der Wagner ein Wagenrad über die Werkstattür. Da die Häuser noch keine Hausnummern hatten, konnte eine Adresse, die heute zum Beispiel »Hackenstraße 15« heißt, etwa so lauten: »Haus des Josef Angermeier, hinter dem Rabenberg, an der Hundskugel, neben dem Haus des Hans Obermüller, 3. Tür rechts«.

In der Brunnstraße biegen wir links in den Asamhof, der 1983 fertiggestellt wurde und 100 Millionen Mark gekostet hat. In der Mitte des ersten Hofes sehen wir einen kleinen modernen Brunnen. Er ist kombiniert mit dem großen, runden Spezialspiegel, den wir auf dem Dach eines der angrenzenden Häuser entdecken können. Dieser Parabolspiegel fängt selbst die letzten Sonnenstrahlen noch ein und wirft sie gebündelt – wie eine riesengroße Taschenlampe – auf die Brunnenanlage.

Weiter geradeaus kommen wir zur »Skulpturenstraße«, in die wir rechts einbiegen. Hier können wir wechselnd ein oder mehrere Werke aus Holz, Stein oder Metall von zeitgenössischen Künstlern bewundern. Zweimal müssen wir hinsehen, um zu erkennen, daß der zusammengekrümmte Mann, der links auf der kleinen Mauer hockt, nicht echt ist. Eine Bildhauerin hat diese Figur erschaffen. Sie möchte uns damit auf die Gleichgültigkeit und die Kälte aufmerksam machen, mit der wir so oft an unseren ärmeren und hilfsbedürftigen Mitmenschen vorübereilen.

Wenn wir nun geradeaus gehend den Asamhof verlassen, stoßen wir auf die Kreuzkirche. Als vor über 500 Jahren die Grabfelder um die Peterskirche zu klein geworden waren, legte man an der Stadtmauer einen neuen Friedhof an mit einer Friedhofskirche, der Kreuzkirche. Ihr Erbauer ist Jörg von Halspach, der auch die Frauenkirche und das Alte Rathaus erbaut hat. Der Friedhof wurde vor knapp 200 Jahren aufgegeben und die Gebeine aus den Gräbern zum Südlichen Friedhof gebracht. 21 Jahre später diente die Kirche dann mehrere Jahre als Pferdestall. Anschließend wurde sie an einen Maurer verschenkt, der sie abreißen lassen wollte. Zum Glück ist dies nicht geschehen. Jetzt ist sie Schulkirche der Schwerhörigen- und Sprachschule. Sie ist eine der letzten Kirchen der Stadt, deren Glocken noch mit der Hand geläutet werden.

Wir gehen nun rechts bis zur nächsten Kreuzung. Einst hieß sie »Am oberen Kreuz«. Hier treffen die Kreuz-, die Brunn-, die Joseph-spital- und die Damenstiftstraße zusammen. Drei der vier Eckhäuser sind mit schönen alten Hauszeichen geschmückt. Ecke Brunn-/Kreuzstraße sehen wir einen Baum aus Stein, der aus der Erde zu wachsen scheint. In seiner Krone sitzt Maria mit dem Jesuskind auf dem Arm. Im Volksmund heißt dieses Hauszeichen »Madonna im Birnbaum«. Das Haus schräg gegenüber ist mit einem geschnitzten heiligen Sebastian verziert:

Sebastian war ein Ritter im alten Rom, der seinen verfolgten christlichen Glaubensgenossen im Gefängnis Hilfe und Trost gab. Er wurde verraten und gefangengenommen. Man band ihn an einen Baum und durchbohrte ihn mit Pfeilen. Dann ließ man ihn liegen, weil man glaubte, er sei tot. Eine gutherzige Frau fand ihn, nahm ihn bei sich auf und pflegte ihn gesund. Kaum genesen, setzte er sich beim Kaiser wieder für die Christen ein. Da wurde er von seinen Gegnern mit Knüppeln erschlagen.

Fast 100 Jahre alt ist die Madonna unter einem Metallbaldachin am Haus Ecke Damen-stift-/Brunnstraße.

Die links abführende Josephspitalstraße hat ihren Namen vom St.-Joseph-Spital, das früher einige Schritte weiter auf der rechten Seite stand. Es war zunächst ein privates, später ein öffentliches Krankenhaus.

Wir gehen in die Damenstiftstraße, die einmal den Namen Schmalzstraße trug. Auf der linken

Seite kommen wir zum wunderschönen Lerchenfeldpalais, in das nach dem Zweiten Weltkrieg das Städtische Bestattungsamt eingezogen ist. Zwei schöne alte Laternen mit vergoldeten Krönchen schmücken das Haus. Die Geschichte des Bestattungsamtes reicht 160 Jahre zurück:

Damals verordnete die Stadtverwaltung die Errichtung einer Leichenhalle. Dort mußten Tag und Nacht Lampen brennen, und zwei Männer hielten bei den Verstorbenen Wache. Man hatte schreckliche Angst vor dem Scheintod und dem Lebendigbegrabenwerden. Es wurden Apparate zur Rettung von Scheintoten angeschafft, ein Mechaniker erfand eine Glocke, die auf dem Sarg angebracht wurde und vom Innern des Sarges aus geläutet werden konnte. Doch trotz all dieser Vorsichtsmaßnahmen hat es nie einen Fall gegeben, bei dem sich ein Scheintoter in letzter Minute bemerkbar gemacht hätte.

Auf der anderen Straßenseite, schräg gegenüber, beginnt der große Gebäudekomplex des St.-Anna-Damenstiftes, der sich bis ins Altheimer Eck zieht. Über dem Eingangstor ist ein besonders dekoratives Wappen angebracht. Das Stift war ein Heim für adelige Damen. Die Aufnahmebedingungen waren sehr streng. Es wurden nur Anwärterinnen aufgenommen, die 16 adelige Vorfahren nachweisen konnten. Heute ist in dem Gebäude eine Mädchenrealschule.

An der Ecke Damenstiftstraße/Altheimer Eck

steht die Damenstiftskirche St. Anna. Die Innenausstattung stammt von den Brüdern Asam, deren Hauptwerk, die Asamkirche, wir auf unserem Spaziergang schon besichtigt haben. Eine Besonderheit in der Kirche ist das »Abendmahl« mit lebensgroßen Figuren links vom Altar.

Aus der Kirche kommend gehen wir in die Herzogspitalstraße, früher Roehrnspecker-straße genannt. Vor 500 Jahren wohnten hier viele berühmte Künstler. Gleich im Eckhaus Damenstift-/Herzogspitalstraße zum Beispiel lebte der Bildhauer Hubert Gerhard, der die Mariensäule erschaffen hat. Wo heute das Doppelhaus Nr. 5 steht, hatte einst der Maler Hans Mielich sein Haus. Er hat die Hausfront des Weinstadl in der Burgstraße bemalt. Das Haus, das daneben stand, gehörte der reichen Münchner Familie Barth und wurde als Seel-haus genutzt. Eine Inschrift an der Front der rechten Haushälfte erinnert daran. In einem Seelhaus wohnten Mädchen und Witwen, die Kranke pflegten, Leichen wuschen und bei bestimmten Gelegenheiten gegen wenig Geld zum Beten herangezogen wurden. Man nann-te sie daher auch Betschwestern.

Im Weinhaus Neuner (Nr. 8), auf der anderen Straßenseite, wird seit 120 Jahren Wein ver-kauft. Der Maler Carl Spitzweg, der Komponist Richard Wagner, der Filmstar Hans Moser und die Volksschauspieler Karl Valentin und Liesl Karlstadt haben hier in den gemütlichen alten Räumen ihren Wein getrunken. Besonders schön ist das von Weinranken umschlungene Wirtshausschild.

Im Haus Nr. 12 hat der bayerische König Maximilian I. den letzten Abend seines Lebens verbracht:

Vor etwa 160 Jahren wohnte dort der russische Gesandte in Bayern, Graf Woronzow. Zu seinen prächtigen Festen lud der Graf stets viele berühmte Gäste ein. Er soll zu diesen Gelegenheiten im Haus soviel Rosenduft versprüht haben, daß man es die ganze Straße hinauf und hinunter riechen konnte. Auch König Max feierte hier mit seiner Familie seinen Namenstag. Er vertrieb sich den Abend mit Kartenspielen, schien sich aber nicht besonders wohl zu fühlen. Schon früh verließ er das Fest und fuhr nach Nymphenburg zurück. Am nächsten Morgen fand ihn sein Kammerdiener tot im Bett.

Auf der linken Straßenseite kommen wir zu einem breiten Durchgang, der uns zur Herzogspitalkirche St. Elisabeth führt. Sie wurde im Krieg völlig zerstört und sehr schlicht und modern wieder aufgebaut. Berühmt ist die »Schmerzhafte Maria«, die auf dem rechten Seitenaltar wieder einen Platz gefunden hat. Sie war über lange Jahre Anziehungspunkt für viele Wallfahrer aus ganz Bayern:

Vor über 300 Jahren betete in der Kirche die zehnjährige Maria Franziska Schott. Plötzlich bemerkte das Kind, daß die Marienfigur die Augen bewegte und in der Kirche umhersah. Wie ein Lauffeuer verbreitete sich in Stadt und

Land die Geschichte von diesem Wunder. Immer mehr Menschen strömten herbei, um die wunderwirkende Madonna zu sehen oder um Hilfe in der Not anzuflehen.

Durch die Seitentür der Kirche kommen wir in den Hof des Servitinnenklosters. Die Servitinnen gehören einem sehr strengen katholischen Frauenorden an. In früheren Zeiten durften sie sich keinem Mann zeigen. Nur dem Arzt und dem Pfarrer war es erlaubt, das Kloster zu betreten. Heute sind die Regeln nicht mehr so streng. Das Spital, das dem Kloster einst angeschlossen war, diente ursprünglich der Pflege von Menschen, die an abscheuerregenden Krankheiten litten. Später fanden hier alte und kranke Hofbedienstete Unterkunft.

Der schöne Turm, den wir von hier aus sehen, ist der sogenannte »Spitzweg-Turm«. Er wurde vor etwa 270 Jahren erbaut und von dem bekannten Maler Carl Spitzweg mehrfach auf seinen Bildern verewigt.

Durch die rechte Toreinfahrt gelangen wir wieder auf die Herzogspitalstraße. Nach ein paar Metern biegen wir rechts in die Herzog-Wilhelm-Straße ein. Ihr ehemaliger Name war Glockengasse. Damals befand sich hier die Kreuzkaserne, später ein Militärgefängnis.

Am Karlstor endet unser Spaziergang. Das Tor gehörte zum zweiten Mauerring und wurde vor über 700 Jahren erbaut.

Unter dem mittleren der drei Torbögen sehen wir vier Köpfe (Kragköpfe) aus der Decke ragen. Sie gehören bekannten und beliebten Münchner Originalen. Einer ist das Abbild des Liebesbriefträgers Finessen-Sepperl, der mit dem Spruch »Nix Gwiß' woaß ma net« berühmt wurde. Ein anderer Kopf stellt den »Baron« Sulzbeck dar, der im Hofbräuhaus Kapellmeister war. Der dritte ist der Lohnkutscher Franz Xaver Krenkl. Er überholte im Englischen Garten mit seinem Gespann die Kutsche des Königs, obwohl dies strengstens verboten war. Sein »Wer ko, der ko!«, das er dem König dabei zurief, ist in München zu einer beliebten Redewendung geworden. Der vierte im Bunde ist der Hofnarr Prangerl.

Die drei musizierenden Kinderfiguren an der rechten Torwand schmückten früher den Fischbrunnen am Marienplatz. Nach der Zerstörung und Neugestaltung des Brunnens wurden sie hier aufgestellt.

9. Spaziergang

Hauptgebäude Schloß Nymphenburg – Prinzengärtchen im Park – Marstallmuseum

Ausgangspunkt: Schloß Nymphenburg (Kasse)

Wenn wir mit der Straßenbahn Linie 17 kommen, steigen wir an der Haltestelle »Schloß Nymphenburg« aus und gehen links in die südliche Auffahrtsallee. Wir wandern unter den hohen Bäumen am Kanal entlang und über den weiten Schloßplatz. Nach etwa 5 Minuten stehen wir vor dem Schloß. Mit dem Auto können wir links oder rechts vom Kanal bis zu einem der Parkplätze vor dem Schloß fahren.

Bis vor rund 325 Jahren bestand das Gelände der Schloßanlage nur aus Birkenwäldern und einem großen Bauernhof mit Wiesen und Feldern. Der bayerische Kurfürst Ferdinand Maria kaufte es für 10 000 Gulden und schenkte es aus Dankbarkeit seiner Frau Henriette Adelaide. Sie hatte ihm nämlich, nach langem Warten und Hoffen, endlich den ersehnten Thronerben, Max Emanuel, geboren. Die Kurfürstin gab einem italienischen Architekten auch sogleich den Auftrag, mit dem Bau eines Schlosses zu beginnen. Es sollte ein Sommer- und Jagdschloß im Stil einer italienischen Villa werden und den Namen »Nymphenburg« (Nymphen = Naturgöttinnen) erhalten. Aber Henriette Adelaide durfte sich nicht mehr an ihrem Schloß erfreuen. Sie starb, als der Rohbau fertig war. Der Kurfürst, der seine Frau sehr geliebt hatte und sie viele Jahre lang betrauerte, ließ das Gebäude nach ihren Plänen fertigstellen. Sein Sohn Max Emanuel erweiterte 40 Jahre später Nymphenburg zu der gewaltigen Schloßanlage, wie wir sie heute sehen.

Die herzogliche Familie wohnte nur im Sommer in Schloß Nymphenburg, im Winter lebte sie in der Residenz in der Münchner Innenstadt. So um den Mai herum, wenn es schon wärmer wurde, die Bäume ihr Laub bekamen und die Wiesen anfingen zu grünen, zog der gesamte Hofstaat, der zeitweilig aus 4 000 Personen bestand, mit Sack und Pack von der Innenstadt nach Nymphenburg, um hier den Sommer zu genießen. Unzählige großartige Feste wurden dann gefeiert, zu denen Gäste aus ganz Europa eingeladen wurden. Es gab Gondelfahrten auf den Kanälen, die mit Tausenden von Lichtern geschmückt waren, und oft endete ein solches Fest mit einem herrlichen Feuerwerk. Schauspiele wurden aufgeführt, man gab Konzerte, veranstaltete Kostümbälle und Pferderennen. Oft ging man auch auf die Jagd, denn in den Wäldern und Auen rund um das Schloßgelände gab es damals noch sehr viele Hirsche, Wildschweine, Hasen und Rebhühner. So ist überliefert, daß vor 200 Jahren an einem einzigen Tag von der fürstlichen Jagdgesellschaft 1 367 Stück Wild erlegt wurden.

An der Kasse unter der Freitreppe holen wir uns nun eine Eintrittskarte, mit der wir das Hauptschloß und das Marstallmuseum besichtigen können.

Wir steigen die Treppe hinauf und haben von hier oben einen guten Überblick über das großartige Rondell, das sich vor dem Schloß ausbreitet. In der Ringmauer stehen, wie Perlen auf eine Schnur gereiht, 10 Kavaliershäuschen (zwei verstecken sich hinter dem linken und dem rechten Seitenflügel). Jedes sieht ein bißchen anders aus. Hier wohnten einst wichtige hohe Bedienstete des Hofes, Verwalter, Oberjägermeister oder Minister.

Der Kanal führt um das Schloßgelände herum, das dadurch wie auf einer Insel liegt. In einem großen Bassin steigt aus einem Tuffsteinhaufen eine mächtige Fontäne empor, die sich im Fallen in Millionen kleiner Tröpfchen auflöst (mittags von 12.30–13.30 Uhr wird das Wasser abgestellt, ebenso den ganzen Winter über).

Durch das Hauptportal betreten wir nun den Steinernen Saal. Der hohe, helle Raum ist im Rokokostil erbaut. Das Wort »Rokoko« kommt von dem französischen Wort »Rocaille«, das heißt Muschel. Wenn wir die reiche Verzierung aus Girlanden, Blumen und Engelchen betrachten, entdecken wir immer wieder Formen, die einer Muschel ähneln. Die Wände sind mit bunten Bildern bemalt und über den Türen sehen wir Symbole, die darauf hinweisen, daß in diesem Saal die Musik eine wichtige Rolle gespielt hat.

Das größte Kunstwerk des Raumes ist das riesige Gemälde, das die ganze Decke überzieht. Der 74jährige Künstler Johann Baptist Zimmermann brauchte zusammen mit seinem Sohn viele Monate, um es herzustellen. Schauen wir uns den Götterhimmel ein bißchen genauer an:

Auf der Parkseite entdecken wir Flora, die Schutzgöttin der blühenden Natur. Sie ruht zwischen Brunnen, Bäumen und einer Gartenlaube. Nymphen bringen ihr Blumen dar.

Im Zentrum des Bildes, über einem Regenbogen, erscheint im strahlenden Licht der Sonnengott Apoll auf seinem von Schimmeln gezogenen Wagen. Die Figur mit der rötlichen Fackel, die ihm vorauseilt, ist der Morgenstern.

Rechts daneben, etwas erhöht, sehen wir den Göttervater Zeus mit Krone und Zepter. An seiner Seite erscheint sein Bruder, der Meeresgott Neptun mit seinem Dreizack.

Unter dem Regenbogen lagert auf einer dicken Wolke Chronos, der geflügelte Gott der Zeit. Sein weißer Bart und die Sense weisen auf die Vergänglichkeit hin. Neben ihm sehen wir den Götterboten Merkur, der auch der Gott des Handels und des Friedens ist. Wir erkennen ihn am Flügelstab und am geflügelten Helm. Rechts neben ihm erscheint Zephyr, der Westwind. Er bringt der Erde die Blumen.

Auf der linken Seite ruht auf einer dicken Wolke die Gartengöttin Venus. Nymphen

schmücken sie für die Ausfahrt im bereitste-
henden goldenen Wagen, vor den Engelchen
kleine weiße Tauben spannen.

Rechts, ebenfalls auf einer Wolke schwebend,
sehen wir Diana, die Göttin der Jagd. Auf dem
Kopf trägt sie eine Mondsichel und in der
Hand einen Speer. Ihr von einer Wolke fast
verdeckter Wagen wird von Hirschkühen
gezogen. Zwischen den rechts anschließenden Bäumen haben sich Tiere versteckt.

Auf der Stadtseite erkennen wir Orpheus,
Minerva und verschiedene Musen. Sie versinnbildlichen die Künste und die Wissen-
schaften. Daneben hat sich Bacchus, der Gott
des Weines, niedergelassen. Unter einem Zelt-
dach schläft er seinen Rausch aus.

Wir gehen nach rechts und kommen in das
erste Vorzimmer des Herrenflügels. Damals
wohnten die Herren im rechten Teil des
Schlosses und die Damen im linken. Auch dieser Raum wird von einem großen Deckengemälde überspannt. Es zeigt uns Ceres, die
Göttin des Ackerbaus. Sie hat die wilde Natur
– dargestellt durch zwei schwarze Drachen –
gezähmt und vor ihren Wagen gespannt.
Engelchen begleiten den Zug mit Sense,
Sichel und Korngarben.

Die vier Bilder mit den spielenden Engeln über
den Türen versinnbildlichen die vier Elemente:
Sicher könnt ihr leicht herausfinden, welches
der Bilder für Wasser, für Feuer, für Luft oder
für Erde steht. Außerdem gibt es zwischen
den Goldverzierungen ein Glöckchen zu ent-

decken. Man konnte es vom nebenan liegen-
den Audienzzimmer aus läuten.

Das große Gemälde an der linken Wand zeigt
uns Kurfürst Max Emanuel. Zu Ehren seiner
Geburt wurde das Schloß erbaut. Obwohl er
sich hier so stolz, stark und prächtig präsen-
tiert, hat er seinen bayerischen Untertanen
nicht viel Gutes gebracht. Hochfliegende Plä-
ne ließen ihn mehrfach an Kriegen anderer
Länder teilnehmen. Da ihm das Kriegsglück
oft hold war, verbreitete sich sein Ruhm
schnell in ganz Europa, wo er wegen seiner
blauen Uniform allgemein der »blaue Kurfürst«
genannt wurde. Doch das bayerische Land
kamen die kriegerischen Abenteuer seines
Fürsten teuer zu stehen. 30000 Soldaten
mußten ihr Leben lassen und die Bürger hatten 15 Millionen Gulden aufzubringen.

Das große Damenbildnis zeigt uns die zweite
Gemahlin von Max Emanuel, Kunigunde. Sie
war eine polnische Prinzessin. Ihr Vater hatte
sie Max Emanuel für treue Kriegsdienste als
Ehefrau versprochen. Die Hochzeit fand ohne
die Brautleute statt, die sich erst fünf Monate
später zum ersten Mal sahen. Man erzählt
sich, die neunzehnjährige Prinzessin habe den
ganzen Weg von zu Hause bis nach München
geweint. Als sie ihren Ehemann dann zu
Gesicht bekam, soll sie so entsetzt gewesen
sein, daß sie auf der Stelle nach Polen zurückkehren wollte. Obwohl die beiden mehrere
gemeinsame Kinder hatten, war die Ehe
außerordentlich unglücklich.

Wir verlassen den Raum durch die linke Tür und kommen in das Audienzzimmer, das auch Gobelinzimmer genannt wird wegen der kostbaren Wandteppiche.

Das Deckengemälde trägt den Namen »Triumph der Kriegslist«. Der Kriegsgott Mars mit Helm und Schwert berät sich mit der Göttin der Erfindungsgabe, die an ihrem Kopf Flügel trägt. Außerdem ist der Gott des guten Rates zu erkennen, der als alter, erfahrener Mann dargestellt ist. Im unteren Bildfeld wird durch das Trojanische Pferd auf eine berühmte Kriegslist hingewiesen: Krieger steigen über eine Leiter in ein Holzpferd und finden so unbemerkt Zugang in die belagerte Stadt Troja.

Rechts über dem Kamin hängt das Bild der österreichischen Kaisertochter Maria Antonia. Sie war die erste Frau von Max Emanuel. Auch ihre Ehe war sehr unglücklich. Als sie nach vielen Fehlgeburten wieder ein Kind erwartete, ging sie auf Wunsch ihres Vaters, Kaiser Leopold von Österreich, in ihre Heimatstadt Wien zurück. Dort brachte sie ihren einzigen Sohn Joseph Ferdinand zur Welt. Maria Antonia hat die schwere Geburt nicht überlebt. Sie starb mit 23 Jahren im Kindbett. Vorher enterbte sie noch ihren verhaßten Ehemann Max Emanuel.

Ihr Sohn, der kleine Joseph Ferdinand, war gerade sechs Jahre alt, als er zum Fürsten von Asturien ernannt wurde. Er sollte das Königreich Spanien und alle spanischen Besitzungen erben und somit zum König des größten

Reiches dieser Erde werden. Im festlichen Geleitzug wurde der kleine mutterlose Prinz in die Niederlande gebracht. Dort warteten 24 Kriegsschiffe, um ihn in sein fernes zukünftiges Reich zu bringen. Doch noch ehe die Flotte auslief, starb der Junge. Als Todesursache stellten die Ärzte eine fiebrige Magenentzündung fest. Das Volk jedoch munkelte von einem Giftmord aus politischen Gründen.

Der nächste Raum war früher das Schlafzimmer des Kurfürsten. Seine Stellung als Herrscher war unvergleichlich. Es galt zum Beispiel als eine besondere Ehre dabei zu sein, wenn sich der hohe Herr aus seinem Bett erhob und von seinen Dienern ankleiden ließ. Nur hochgestellten Persönlichkeiten war dies erlaubt, und der Kurfürst nutzte die Zeit, um mit ihnen über wichtige Staatsgeschäfte zu sprechen.

Auch hier sehen wir wieder ein großes Deckengemälde, auf dem es eine Menge zu entdecken gibt: Thetis, die Göttin des Meeres, lagert auf einer großen Muschel. Ihr Kopfschmuck besteht aus Wasserpflanzen, um den Hals trägt sie eine prächtige Perlenkette. Um sie herum gruppiert sind verschiedenartige phantasievolle Muscheln und Fische. Von den kleinen Engeln fliegt einer mit Fischflossen und ein anderer mit Schmetterlingsflügeln. Er bringt der Göttin einen Korallenzweig. Aus einer geöffneten Muschel rieseln Perlen herab, die eine besondere Eigenschaft haben: Egal, von welcher Zimmerseite wir hinaufschauen, sie fallen uns immer entgegen.

Die neun Damen der sogenannte »Kleinen Schönheitengalerie« hat Max Emanuel malen lassen, als er sich am französischen Königshof aufhielt. Das große Bild an der Rückwand zeigt eine höfische Gesellschaft beim Musizieren und Kartenspielen.

Man muß genau hinsehen, um die beiden Türen in der rechten Zimmerecke zu entdecken. Die linke Tür führt in eine Art Toilette. Es ist ein kleiner Raum, in dem ein Nachtgeschirr stand. Von der anderen Seite her konnten Diener es entfernen und entleeren. Durch die zweite Tür konnte der Kurfürst – quer durch den Steinernen Saal – in das Schlafgemach seiner Gemahlin gelangen.

Der letzte anschließende Raum ist das »Kleine nördliche Kabinett«.

Wir gehen zurück ins Gobelinzimmer und durch die linke Tür in die Schönheitengalerie von Max Emanuel. Er hatte die dort dargestellten Damen am Hofe des französischen Königs kennengelernt und malen lassen. Wenn man ein bißchen näher hinschaut, fällt auf, daß sie sich alle zum Verwechseln ähnlich sehen. Kleine Köpfe mit feinen runden Gesichtern sitzen auf schlanken Hälsen. Alle haben eine sehr weiße Haut. Auch wenn sie uns heute eher langweilig erscheinen, so waren sie zu ihrer Zeit bestimmt die schönsten Frauen weit und breit.

Der anschließende Raum ist das Wappenzimmer. Die beiden Marmorbüsten zeigen Kurfürstin Elisabeth Maria und ihren Mann Kurfürst

Karl Theodor. Er hat vor über 200 Jahren in Bayern regiert. Zu seinem Leidwesen mußte er von Mannheim nach München übersiedeln, da der letzte bayerische Kurfürst kinderlos gestorben war. Die Abneigung beruhte auf Gegenseitigkeit, denn auch die Münchner Bürger waren keineswegs begeistert von ihrem neuen Landesherrn. Trotzdem hat der fortschrittliche und weltoffene Karl Theodor eine ganze Menge für München getan. So ließ er zum Beispiel den Englischen Garten anlegen und sowohl den Hofgarten als auch den Nymphenburger Schloßpark für alle Bürger öffnen.

Im nächsten Raum interessiert uns das große Damenporträt an der linken Wand. Es zeigt Leopoldine, die zweite Frau von Karl Theodor. Die Österreicherin war gerade 17 Jahre alt, als der einundsiebzigjährige Karl Theodor sie zur Frau nahm. Vergeblich hoffte er, seine junge Gemahlin würde ihm den langersehnten Thronerben schenken. Leopoldine war eine ganz außergewöhnliche, selbstbewußte und besonders geschäftstüchtige Frau. Nach dem Tode ihres Mannes legte sie das ererbte Geld in allen möglichen Geschäften an. Unter anderem kaufte sie Brauereiaktien, erwarb das heutige Café Annast am Odeonsplatz und ein Textilgeschäft, in dem sie hin und wieder selbst bedient haben soll. So vermehrte sie ihren Reichtum um ein beträchtliches. Leider, so erzählt die Geschichte, ist Leopoldine auch an ihrem Geld gestorben. Und das passierte so:

Leopoldine reiste eines schönen Tages mit einer Pferdekutsche von München nach Salzburg. Da sie ständig in der Angst lebte, jemand könne ihr das heißgeliebte Geld stehlen, führte sie einen Teil davon auf Reisen in einer großen, schweren Geldkassette mit sich.
Die Reise verlief zunächst angenehm und ohne Zwischenfälle. Doch aus einem nicht mehr bekannten Grund scheuten plötzlich die Pferde und gingen mitsamt der Kutsche durch. Da der Weg uneben und steinig war, brach unglücklicherweise auch noch eines der Wagenräder entzwei und die Kutsche stürzte um. Sie rutschte einen Abhang hinunter und überschlug sich. Dabei löste sich die schwere Geldkassette aus ihrer Befestigung, fiel auf die arme Leopoldine und drückte ihr die Brust ein. Ein Bauer, der das Unglück beobachtet hatte, eilte herbei. Doch es gab keine Rettung mehr. Leopoldine starb noch am Unfallort in seinen Armen.

Wir kommen in die nördliche Galerie, die auf beiden Seiten mit Landschaftsbildern geschmückt ist. Der Tür direkt gegenüber sehen wir den Starnberger See mit einem gewaltigen, reichgeschmückten Schiff. Ferdinand Maria ließ Schiffsbauer aus Venedig nach München kommen und gab ihnen den Auftrag, diesen Bucentaur (= Goldene Barke) zu erbauen. Die schwimmende Festhalle war von höchster Eleganz und mit großem Luxus ausgestattet. So war zum Beispiel die Außenseite des Schiffs vergoldet. Auf dem mittleren Deck gab es einen Springbrunnen und auf dem Oberdeck Platz für eine Musikkapelle. 500 Personen faßte das Schiff, das von 150 Männern mit vergoldeten Rudern in Fahrt gebracht wurde. Der italienische Erbauer hat gute Arbeit geleistet, denn das Prachtschiff war fast 100 Jahre in Gebrauch.

Das Bild links daneben zeigt eine Hirschjagd im Starnberger See. Die Hofgesellschaft in kleinen Booten beobachtet amüsiert, wie die Hundemeute einen Hirsch durchs Wasser hetzt.

Wir kommen zurück zum Steinernen Saal, durchqueren ihn und gehen in das erste Vorzimmer des Damenflügels.

Auf dem großen Bild rechts sehen wir den Kurfürsten Karl Albrecht. Er war der Sohn von Max Emanuel und seiner polnischen Ehefrau Kunigunde. Vier Jahre lang war er deutscher Kaiser. Hier ist er dargestellt als stolzer Kaiser Karl VII. mit Krone, Reichsapfel und Zepter.

Das Leben von Karl Albrecht war nicht immer einfach. Als Siebenjähriger wurde er von den feindlichen Österreichern zusammen mit zwei seiner Brüder von den Eltern getrennt und nach Österreich verschleppt. Zwar bekamen die Kinder eine standesgemäße Erziehung, aber niemand durfte ihnen etwas über ihre Eltern erzählen. Erst als Karl Albrecht 18 Jahre alt war, also 11 Jahre später, durften er und seine Brüder zurück in die Heimat und konnten endlich ihre Eltern wiedersehen.

Das Frauenbild zeigt die Gemahlin von Karl

Albrecht, die österreichische Kaisertochter Amalie Maria. Ihre große Leidenschaft war die Jagd. Ganz entgegen der damaligen Sitte ritt sie in männlicher Jagdkleidung durch die Wälder und Auen rund um Nymphenburg. Zum Entsetzen der Hofgesellschaft selbst dann noch, als sie ein Kind erwartete. Wie man hier sehen kann, hielt sie es auch nicht für nötig, ihre von der frischen Luft geröteten Backen mit Puder zu überdecken. Obwohl ihre Gemächer mit den kostbarsten Möbeln ausgestattet waren, nahm sie ihre geliebten Jagdhunde mit in den eleganten Salon, ja sogar mit ins Schlafzimmer. Ihre Ehe war keineswegs glücklich. Der Ehemann hatte ständig mehrere Freundinnen und scheute sich nicht, seine Gemahlin zu verprügeln und an den Haaren durch das Zimmer zu ziehen. Doch trotz aller Streitereien gab er der zauberhaften Amalienburg im Nymphenburger Park den Namen seiner Frau.

Das Deckengemälde zeigt die Quellnymphe Arethusa. Sie ist eine Wassergöttin, wie wir an dem blauen Kleid, am Schilfkranz auf ihrem Kopf und dem Schilfrohr in ihrer Hand erkennen können.

Der rechts anschließende rote Salon ist das älteste Zimmer des Schlosses. Er diente als Audienzzimmer für die Kurfürstin. An der Rückwand sehen wir die Gründer des Schlosses, das Kurfürstenpaar Ferdinand Maria und Henriette Adelaide. Die Trauung der beiden Vierzehnjährigen fand zunächst ohne sie in

Italien statt. Erst zwei Jahre später reiste die junge Braut nach München und lernte ihren Mann kennen. Obwohl sie in so jungen Jahren miteinander verheiratet wurden, gehören sie zu den wenigen Ehepaaren des Hauses Wittelsbach, die eine glückliche Ehe führten.

Das Deckenbild zeigt die Erdgöttin Kybele auf einem von Wolken umhüllten Felsen. Als Beigaben sehen wir einen Würfel und einen Turm. Sie stehen für die Festigkeit der Erde.

Wir kommen jetzt ins Schlafzimmer der Kurfürstin. Das Bett, das uns so klein erscheint, ist immerhin 2,30 Meter lang und 2,10 Meter breit. Hinter der Tapetentür links neben dem Bett befindet sich der sogenannte Leibstuhl, eine einfache Einrichtung, die wir heute als »Plumpsklo« bezeichnen würden. Die verschlossene Tür an der linken Wand führt in einen Raum mit einem großen Badebecken.

Das Gemälde rechts an der Eingangswand zeigt uns den kleinen vierjährigen Max Emanuel mit seiner sechsjährigen Schwester. Die prächtigen, aber sicher sehr unbequemen Kleider und die ernsten Gesichter der Kleinen lassen uns ahnen, wie wenig Spaß Kinder damals haben durften.

Werfen wir noch einen Blick auf das schöne Deckengemälde, das uns die Göttin Flora zeigt mit Engeln, die Blumen, Kränze und Girlanden tragen. Einer von ihnen fliegt mit prächtigen Schmetterlingsflügeln. Achten wir besonders auf den Engel mit dem roten Tuch um die Hüften. Er hat eine ganz erstaunliche

Eigenschaft: Egal aus welcher Richtung wir ihn betrachten, er scheint stets von uns wegzufliegen. Ein malerischer Trick, der das hohe Können des Künstlers beweist.

Der letzte kleine Raum ist das sogenannte chinesische Lackkabinett. Ein Mandarin aus China hat die kunstvollen Vertäfelungen als Gastgeschenk mit nach München gebracht. Lackmalereien sind kostbar, da die Herstellung sehr schwierig und zeitaufwendig ist. Der Saft des Lackbaumes wird in 30 bis 60 dünnen Schichten auf einen Gegenstand aus besonderem Holz aufgetragen. Jede davon muß langsam an feuchter Luft trocknen, bis sie steinhart ist.

Wir gehen zurück ins erste Vorzimmer und rechts in die südliche Galerie. Die Gemälde links und rechts zeigen weitere Schlösser aus dem Besitz von Max Emanuel. Wer Lust und Zeit hat, kann sie sich ein bißchen näher betrachten, denn sie vermitteln einen Eindruck vom Leben und Treiben an den bayerischen Fürstenhöfen.

Die Galerie endet im kleinen Speisesaal des südlichen Pavillons. Heute ist hier die berühmte Schönheitengalerie von König Ludwig I. untergebracht. 36 besonders hübsche Frauen können wir bewundern. Es sind Prinzessinnen darunter, Schauspielerinnen, Tänzerinnen und einfache Bürgerstöchter. Vier der Bilder wollen wir uns etwas genauer betrachten.

An der linken Wand, gleich neben der Tür, das unterste Bild links stellt Lady Ellenborough dar. Ihr Leben verlief wie ein abenteuerlicher Roman und jahrzehntelang waren Skandalgeschichten über sie ein beliebtes Thema für Klatschereien in ganz Europa.

Fünfmal heiratete die wunderschöne Lady, das erste Mal mit 15 Jahren. Jedesmal verließ sie schon nach kurzer Zeit Mann und Kinder. Obwohl sie eine zarte Figur hatte, erfreute sie sich einer eisenharten Gesundheit. Ihre Reitkünste waren für eine Frau außergewöhnlich, und man erzählte sich, daß kein Mensch sie zu Pferd einholen konnte. Die Abenteuerlust trieb sie in viele ferne Länder und so kam es, daß sie auf einem Ritt von Beirut nach Babylon den syrischen Scheik Abdul kennenlernte. Sie verliebte sich in ihn und zog mit ihm und mehreren Nebenfrauen durch die Wüste. Sicherlich kein einfaches Leben für eine so feine englische Dame. Ihr Ehemann soll sie, ganz nach Lust und Laune, mal zärtlich geliebt, mal brutal verprügelt haben. Nach einem Jahr hatte sie genug von dem anstrengenden Nomadenleben. Sie trennte sich von dem launischen Wüstensohn und ließ sich in Damaskus nieder, wo sie im Alter von 65 Jahren starb. Sie soll immer noch eine sehr schöne Frau gewesen sein.

Auf der Stirn trägt Lady Ellenborough ein damals sehr beliebtes Schmuckstück, in Frankreich »Ferronière« (= »Seht hierher«) genannt.

In der Bildergruppe rechts daneben schauen wir uns das unterste rechte Bild an. Es stellt die Schusterstochter Helene Sedlmayr aus Trostberg dar. Das junge Mädchen mit dem Engelsgesicht trägt eine altbayerische Tracht mit einem Riegelhäubchen:

Gerade 14 Jahre alt war Helene, als sie ihre Heimatstadt Trostberg verließ, um in München eine Stelle als Dienstmagd anzutreten. Schon kurze Zeit später fand sie in einem Spielwarengeschäft eine Anstellung als Botin. Eines Tages kaufte auch die Königin in diesem Geschäft für ihre Kinder verschiedenes Spielzeug ein. Helene bekam den Auftrag, die gekaufte Ware in die Residenz zu bringen. Zufällig begegnete ihr dort auf einem der langen Gänge der König. Sofort fiel ihm das bescheidene, anmutige Mädchen auf. Ihre jugendliche Schönheit bezauberte ihn so sehr, daß er sich auf der Stelle in sie verliebte. Von da an erschien der König oft in dem Spielwarengeschäft, und die kleinen Prinzen und Prinzessinnen wunderten sich über das viele Spielzeug, das der sonst so sparsame Vater ihnen mitbrachte.

Um Helene immer in seiner Nähe zu haben, verheiratete der König sie mit seinem schönsten Lakaien und gab dem jungen Paar in der Residenz eine Wohnung. Die beiden bekamen neun Söhne und eine Tochter. Im hohen Alter von 85 Jahren starb Helene an einem Schlaganfall.

An der gegenüberliegenden Wand das äußerste Bild rechts unten zeigt uns Prinzessin Marie von Preußen, die spätere Königin von Bayern.

Sie ist die Mutter von König Ludwig II., dem unglücklichen »Märchenkönig«. Ihr Schwiegervater, König Ludwig I., fand sie »bildhübsch wie ein Heckenröschen« und gab den Auftrag, sie für seine Schönheitengalerie zu malen:

Das fröhliche junge Mädchen wurde bereits mit 17 Jahren mit dem bayerischen Kronprinzen Maximilian verheiratet. Man erzählt sich, daß sie sich nicht immer an die Hofetikette hielt und ihr Benehmen oft nicht gerade königlich war. So war in der ganzen Stadt bekannt, daß sie nur zerrissene oder schiefgetretene Stiefel trug, obwohl sie jeden Monat ein Paar neue bekam. Die Vorschrift bei Hofe war so, daß sie die alten, getragenen Schuhe an ihre Kammerfrau zu verschenken hatte. Königin Marie kümmerte sich nicht darum: »Zu was soll ich meiner Kammerfrau die Stiefel austreten und sie hergeben, gerade wenn sie anfangen, mir bequem zu werden!« Ihre Vorliebe, mit ihren beiden Söhnen in den langen Gängen des Schlosses »Fangermanndl« zu spielen, fand bei der vornehmen und steifen Hofgesellschaft auch keinen besonderen Anklang.

Zum Leidwesen ihres Mannes ließ sie sich und ihre Familie mindestens dreimal in der Woche fotografieren. Nach Maries Tod fand man in vier großen Wandschränken 327 Alben, vollgeklebt mit Bildern.

An der rechts anschließenden Wand, unten links, sehen wir Lola Montez. Die aus Irland stammende Tänzerin, die sich stets als Spanierin ausgab, war in ganz Europa berühmt –

nicht nur wegen ihrer Tanzkunst, sondern vor allem wegen zahlreicher Skandale. Zeitgenossen schildern die Montez als schön, gefährlich und hintergründig.

Als sie mit 28 Jahren nach München kam, wurde sie auch dem 61jährigen König vorgestellt. Dessen Herz stand sofort in Flammen, und kurze Zeit später wurde Lola seine Geliebte. Er kaufte ihr schon bald ein kleines Palais in der Barerstraße und erhob sie in den Adelsstand. Als ihm der Münchner Erzbischof deswegen Vorwürfe machte, soll der König geantwortet haben: »Bleib du bei deiner Stola / wie ich bei meiner Lola!« So sehr die Münchner ihren König auch verehrten, mit der temperamentvollen Tänzerin Lola konnten sie sich nicht anfreunden. Ständig sorgte sie für Aufregungen und Skandale, und unzählige Geschichten gibt es über sie zu berichten. Hier nur eine davon:

Lola besuchte einmal eine Münchner Gaststätte. Dort geriet sie mit anderen Gästen in Streit, und nach einem heftigen Wortgefecht begann Lola eine handfeste Rauferei. Die zierliche Person verteilte Watschn und Fußtritte und trug selbst auch einige leichte Verletzungen davon. Erst die Polizei konnte die Prügelei beenden. Sie nahm den Vorfall auf und die Sache kam zur Anzeige. Natürlich erfuhr auch der König von dem hochpeinlichen Auftritt. Da er nun Angst hatte, seine Geliebte müsse ins Gefängnis, übernahm er die Leitung der weiteren Untersuchungen höchstpersönlich. Das Er-

*gebnis: Lola wurde zu einem Tag Hausarrest
verurteilt und sofort vom König begnadigt. Die
anderen Teilnehmer an der Rauferei dagegen
mußten für eine Woche ins Gefängnis.
Man kann sich vorstellen, wie sehr diese him-
melschreiende Ungerechtigkeit die Volksseele
zum Kochen brachte. In den Tageszeitungen
erschienen bereits Spottverse auf das unglei-
che Paar: »Der boarische Löw hat sich
sakrisch verhaut, hat a spanische Fliegn für a
Löwin angschaut!«*
Doch der König wollte nicht von Lola lassen.
Doch als sie sich schließlich auch noch in die
Regierungsgeschäfte einmischte und ehrwür-
dige Minister wie Schulbuben abkanzelte, war
das Maß endgültig voll. Studenten, Bürger und
Bauern waren sich einig: Lola muß auf der
Stelle die Stadt verlassen, und der König muß
abdanken! Aufgebracht und grölend zog das
Volk durch die Straßen. Es verwüstete das
Polizeigebäude, versammelte sich schließlich
vor der Residenz und verlangte vom König die
Verbannung der schönen Lola. Als diese in
panischer Angst in einer Kutsche die Stadt
verließ, jubelten die Aufständischen.
Den König kostete dieses Abenteuer Krone
und Thron. Er dankte ab und überließ seinem
Sohn die Regierungsgeschäfte. Lola zog von
München aus weiter durch die Welt. Bald
tauchte sie in Europa auf, bald bei den Gold-
gräbern in Kalifornien oder im fernen Austra-
lien. Im Alter von 42 Jahren starb Lola in New
York. Sie war völlig verarmt.

Durch die Tür links kommen wir in den blauen Salon. Er wurde einst als Konferenzzimmer benutzt. Die anschließende Tür führt in den Schlafraum der Königin. Hier hat Marie, deren Bild wir eben gesehen haben, ihren Sohn Ludwig zur Welt gebracht. Über den Spiegel, den wir von der Tür aus sehen können, haben sechs Regierungsvertreter die Geburt beobachtet. Man hatte große Angst, ein fremdes Kind könne als Thronfolger untergeschoben werden.

Wir gehen zurück zum Steinernen Saal und verlassen das Schloß. Am Fuß der Treppe halten wir uns links und gehen unter der Galerie hindurch in den Park. Wir sehen schmale, bunte Blumenbeete, kerzengerade geschnittene Hecken und gepflegte Rasenflächen. Am Weg entlang stehen Götterfiguren und Vasen aus Marmor. Hinter der großen Fontäne zieht sich der Kanal schnurgerade hin bis zur großen Kaskade am Ende des Parks. Hier ist alles geordnet und wie mit Zirkel und Lineal gezogen. Man nennt diese Art, den Garten zu gestalten, französischen Stil: Alles hatte sich dem Herrscher unterzuordnen. Selbst die Natur wurde zurechtgebogen und -geschnitten, ganz nach seinem Willen und seinen Vorstellungen.

Links und rechts geht der Park in Laubwald über. Zwischen den hohen alten Bäumen sind kleine Schlößchen und verträumte Seen versteckt. Dieser Teil des Parks ist später im englischen Stil angelegt worden. Die Zeiten hatten sich geändert und jetzt war es genau umgekehrt: Der kunstvoll von einem Architekten angelegte Park sollte so aussehen, als sei er natürlich gewachsen.

Am Schloß entlang führt uns der Weg in den Wald. Hinter einer Brücke kommen wir rechts zum Prinzengärtchen, in dem ein hölzernes Gartenhaus steht. Sein kuppelförmiges Dach krönt eine goldene Kugel mit Halbmond. Hier war der Spielplatz der Königskinder. Gut geschützt durch den Zaun konnten die kleinen Prinzen und Prinzessinnen in dem schmalen Bach planschen, auf der Wiese spielen und im »Hexenhaus«, wie die Kinder das Gartenhaus nannten, eine Brotzeit zu sich nehmen.

Aus dem Gärtchen kommend, halten wir uns rechts und gehen geradeaus unter der südlichen Galerie hindurch zum **Marstallmuseum,** das sich im rechten, langgezogenen Seitengebäude befindet.

Achtung! Da die Ausstellungsstücke hin und wieder umgestellt werden, orientieren wir uns an den Nummern der beigestellten Tafeln.

Das Museum enthält eine Sammlung prächtiger Kutschen und Schlitten. Früher diente dieses Gebäude als Pferdestall. Daher auch der Name »Marstall«, der von dem althochdeutschen »Mara« (= Mähre, Pferd) kommt.

Zunächst betreten wir den linken Ausstellungsraum. In der mittleren Reihe steht, von acht Pferden mit kostbaren Geschirren gezogen, der prachtvolle **Krönungswagen Kaiser Karls VII.** (Nr. 1). Vor etwa 250 Jahren wurde er in Paris für 100000 Rheinische Gulden gebaut. Er ist ganz aus Eichenholz gefertigt und zeigt kunstvollste handgeschnitzte Verzierungen. Der Wagen ist mit reinem Blattgold überzogen. Das Riemenwerk ist mit goldbesticktem, rotem Samt belegt, ebenso das Innere des Wagens. Alle waren sich darüber einig, daß es niemals eine Krönung gegeben habe, die glänzender und herrlicher war, als die von Karl Albrecht zum deutschen Kaiser Karl VII. in Frankfurt. Doch der huldvoll winkende Kaiser in seiner goldenen Kutsche, dem das Volk zujubelte, fühlte sich seelisch und körperlich krank und elend. Er litt an schweren Gicht- und »Stein«schmerzen.

Der **Zimmerschlitten für Kinder** (Nr. 2) hat unter den Kufen Rollen. Er ist sehr liebevoll und aufwendig gestaltet. Der Sitz gleicht einer Muschel und ist, ebenso wie alle Verzierungen, mit Blattgold überzogen.

Der **Zweite Münchner Krönungswagen** (Nr. 5) ist eine etwas reicher ausgestattete Kopie des ersten Krönungswagens. Auftraggeber dieses eleganten Wagens war König Max I.

Der **Herkulesschlitten** (Nr. 6) ist etwa 260 Jahre alt. Er hat die Form einer Hydra, das ist ein drachenartiges Fabeltier. In ihrem Körper befindet sich der Sitz für den Passagier, und zwischen den feuerspeienden Köpfen steht der Halbgott Herkules und holt mit einer Keule zum Schlag gegen das Untier aus.

Die zierliche **Kinderkutsche** (Nr. 7) hat ein zusammenlegbares Verdeck und ist etwa 180 Jahre alt.

Die blau lackierte, im oberen Teil mit Glas verschlossene **Sänfte** (Nr. 10) wurde vor etwa 260 Jahren erbaut. In ihr ließen sich vornehme, reiche Leute von Kriegsgefangenen oder Dienern umhertragen.

Die **Prunksänfte** (Nr. 11) wurde von der Kurfürstin vor etwa 250 Jahren benützt. Sie ist mit rotem Samt bespannt und mit Gold- und Silberfadenstickerei verziert. Zum Öffnen der Sänfte wurde das Dach hochgehoben.

Die **Gartenkalesche** (Nr. 14) ist ein originelles Kinderfahrzeug aus einer Zeit, in der es noch keine Roller oder Fahrräder gab. Sie hat ein gelbes Verdeck, das wie eine aufgeschnittene Melone aussieht. In ihr wurden vor etwa 250 Jahren die kleinen Prinzen und Prinzessinnen durch den Park gezogen.

Den **Ersten Münchner Krönungswagen** (Nr. 16) ließ König Max I. von Münchner Handwerkern und Künstlern erbauen. Auch dieser Wagen ist reich verziert. Das Schönste daran ist die goldene Königskrone mit Zepter und Schwert auf dem Dach.

Das zauberhafte **höfische Karussell** (Nr. 41) ist fast 200 Jahre alt und soll das erste gewesen sein, das in Europa hergestellt wurde. König Ludwig I. ließ es für seine Kinder bauen und im Prinzengärtchen aufstellen. Die beiden Pferde waren für die Buben, die Schalensitze für die Mädchen bestimmt. Um das Karussell herum standen fünf Holzpfosten mit geschnitzten Köpfen obendrauf, die Pappnasen trugen. Zwei dieser Pfosten können wir hier noch sehen. Während Diener das Karussell anschoben, versuchten die Buben mit Säbeln die Köpfe von den Pfosten zu schlagen und die Mädchen zielten mit Pfeilen auf die Pappnasen.

Im Durchgang zum nächsten Raum hängt auf der rechten Seite ein Bild, das uns König Ludwig II. auf einer nächtlichen Schlittenfahrt durch das verschneite Land zeigt. Ein Reiter bildet die Vorhut, dahinter ziehen vier Pferde den **Prunkschlitten** (Original Nr. 33) mit beleuchteter Krone. Unwirklich und märchenhaft muß es den Menschen erschienen sein, wenn sie den König nachts einsam durch die Winterlandschaft fahren sahen. Im schnellen Trab ging's dahin. Voraus ritt ein Stallmeister mit Fackel, gefolgt vom Schlitten, der von sechs Apfelschimmeln gezogen wurde.

Darunter steht als Modell der sogenannte **Kleine Galawagen.** Auch hier gibt es zwei Leit- und vier Zugpferde. Den dargestellten Schlitten (Nr. 40) können wir im anschließenden Raum bewundern. Etwas ganz Besonderes hat sich der Erbauer des Galawagens ausgedacht: Wenn kein Schnee mehr lag, konnten die **Schlittenkufen** (Nr. 39) entfernt und der Wagen auf Räder gestellt werden (wie hier). Besonders kostbar und außerordentlich teuer sind die Fenster, deren Glas zur besseren Sicht leicht gewölbt ist. Sicher ohne Wissen

Ludwig II
von Gottes Gnaden König von Bayern,
Pfalzgraf bei Rhein, Herzog von Bayern, Franken u. in Schwaben rc.

No 5

des Königs kauften die Diener, wenn die Fahrt nach Österreich ging, dort billigen Feigenkaffee ein und schmuggelten ihn nach Bayern. Sie versteckten die heiße Ware unter der Sitzbank des Königs, wo normalerweise Wolldecken verstaut wurden. Dort wagte natürlich kein Zöllner zu suchen.

Vor dem Galawagen sehen wir den **Nymphenschlitten** (Nr. 34).

Nicht zu übersehen ist der **Große Prunkwagen** (Nr. 36) von König Ludwig II. Ursprünglich war er als Hochzeitskutsche gebaut worden. Nachdem der König aber die bereits geplante Hochzeit wieder abgesagt hatte, wurde der Wagen nun für besonders feierliche Anlässe verwendet. Das Prachtgefährt ist ganz mit Blattgold belegt. Bunte Bilder zieren die Kastenfelder. Überall sind Ranken, Blüten, Engelchen und Löwenköpfe angebracht. Auf dem Dach heben posauneblasende Engel eine Krone empor. Das Innere des Wagens ist mit blauem, goldbesticktem Samt verkleidet. Vorne, auf dem hohen Bock, ohne Rücken- und Armlehne, saß der Kutscher. Nur mit den Füßen konnte er sich auf einer eigenen Vorrichtung abstützen. Viel Verantwortung hatte er zu tragen, denn ein Gespann mit mehreren Pferden bei Wind und Wetter sicher zu lenken, war eine hohe Kunst und erforderte große Erfahrung. Hinten standen auf einer Brücke die Wächter, die auch als Bremser tätig waren. Wenn es bergab ging, steckten sie lange Stangen zwischen die Speichen der hinteren Räder und konnten so die Kutsche abbremsen oder zum Stehen bringen.

Betrachten wir noch die Bilderreihe schöner Pferde an der rechten Wand. Der Pferdeliebhaber und ausgezeichnete Reiter König Ludwig II. hatte dem Hofmaler Pfeiffer den Auftrag gegeben, seine 26 kostbaren Leibpferde zu malen. Die Pferde sind alle namentlich benannt. So sehen wir zum Beispiel Lucrezia, Gisela, Antigone, Volsupa oder des Königs **Lieblingspferd Cosa Rara.** Wir können es hier im Museum in voller Größe bewundern. Der König hat so an dem Tier gehangen, daß er es nach seinem Tod präparieren und ausstopfen ließ.

Das große **Gemälde** an der Rückwand zeigt uns den jugendlichen **König Ludwig II.** hoch zu Roß. Welch leidenschaftlicher Reiter der König war, beweist die Überlieferung, daß er bisweilen die ganze Nacht hindurch Runde um Runde durch die Münchner Hofreitschule ritt, solange, bis er eine Strecke wie von München nach Innsbruck zurückgelegt hatte.

Wir gehen nun zum Ausgang zurück und betreten, zum Abschluß unseres Spaziergangs, den gegenüberliegenden Teil des Museums. Die Fahrzeuge, die wir hier sehen, wurden im vorigen Jahrhundert benutzt. Die Bauweise war jetzt leichter und die Federung viel besser. Das machte die Wagen bequemer, beweglicher und schneller als die alten Prunkwagen.

10. Spaziergang

Innenhof Blutenburg – Schloßkapelle – Schirmerweg – Verdistraße – Obermenzing – Gasthof »Zum Alten Wirt«

Ausgangspunkt: Schloß Blutenburg

Achtung! Wegen der zahlreichen Trauungen in der Schloßkapelle ist der Samstag nicht empfehlenswert.

Begeben wir uns zunächst auf einen Rundgang um die Schloßanlage, um zu erkennen, daß wir uns auf einer kleinen Insel befinden, die sich zwischen zwei Armen der Würm gebildet hat. Einer der Flußarme ist zu einem See aufgestaut.

Es wird berichtet, daß es bereits vor 800 Jahren hier eine Wehranlage gegeben hat. 250 Jahre später wurde die Anlage ausgebaut und als Jagdschloß genützt. Die Wälder und Auen rund um das Schloß eigneten sich wegen des starken Wildbestandes ausgezeichnet für die Jagd, und die fischreichen Wasser der Würm waren ein beliebtes Fischgebiet der Wittelsbacher Herzöge. Zwei Stunden brauchte man ungefähr von der Münchner Innenstadt bis zur Blutenburg, die damals den Namen Pluedenberg (= Blütenburg) trug. Im Laufe der Jahrhunderte hat sich daraus der Name Blutenburg entwickelt.

Seine volle Schönheit erhielt das kleine Wasserschloß vor etwa 500 Jahren unter Herzog

Sigismund. Er zog sich von den Regierungsgeschäften in München hierher zurück und
schuf sich ein kleines Paradies mit bunten Blumen, ertragreichen Obstbäumen und vielen
Kräuterbeeten. Auch hielt er sich »allerlei selt-
sam Tierlein«: weiße Tauben, prächtige Pfauen
und verschiedenfarbige Meerschweinchen.
So lebte Sigismund herrlich und in Freuden
und ließ es sich und seiner Hofgesellschaft gut-
gehen. Zum vollkommenen Glück fehlte ihm
nur noch eine kleine Kirche, um dort für sein
Seelenheil zu beten und für den manchmal
übermäßigen Genuß zu büßen. Er übergab die
Planung für den Bau an Münchens berühmtesten Baumeister, Jörg von Halspach, der gerade an der Münchner Frauenkirche arbeitete.
Wie gut dieser seine verantwortungsvolle
Aufgabe gelöst hat, werden wir uns gleich
genauer ansehen.
Gehen wir jetzt durch das Tor in die Schloßanlage hinein und nehmen Platz auf der Bank
unter der großen alten Linde in der Mitte
des Hofes. In den Gebäuden, die den Hof
umschließen, ist heute die 1948 gegründete
Internationale Jugendbibliothek zu Hause. Es
ist die weltweit größte Sammlung von Kinder-
und Jugendbüchern aus aller Welt. In den
Räumen und Kellern lagern ungefähr 530 000
Bücher in mehr als 100 Sprachen. Selbstverständlich könnt auch ihr euch dort Bücher
ausleihen.
Wenden wir unsere Aufmerksamkeit nun dem
schönsten und kostbarsten Bauwerk der

Burganlage zu, der Blutenburger Schloßkapelle.

Gemeinsam mit dem Steinmetz und Architekten Jörg von Halspach rückte aus München auch seine Bauhütte an, das waren alle an einem Bau arbeitenden Maurer, Steinmetze und Zimmerleute, Meister, Gesellen und Lehrlinge. Sie waren ein bestens aufeinander eingespieltes Team, das schon an der Frauenkirche und am Alten Rathaus unter der Leitung von Meister Jörg, wie von Halspach allgemein genannt wurde, gearbeitet hatte. Diese Zusammenarbeit garantierte das Gelingen eines Bauwerkes.

Die Handwerker erstellten also zunächst aus Backsteinen das Langhaus, auf das der berühmte Zimmermann Heinrich von Straubing ein steiles Dach setzte. Den Dachstuhl zimmerte er mit solcher Sorgfalt, daß noch heute Fachleute seine hohe Qualität bewundern. Das Dach bekrönte der Meister mit einem viereckigen Giebelreiter, auf den er ein achteckiges Glockentürmchen mit einem spitzen Dach setzte. Später wurde es durch das heutige runde ersetzt.

Wo das Dach auf das Mauerwerk aufsetzt, zieht sich ein kunstvoll bemaltes Band um die ganze Kirche herum, man nennt dies ein Frieswerk. Es ist verziert mit Flechtwerk und unterschiedlichen Wappen des Hauses Wittelsbach sowie verwandter Fürstenhäuser. In der Mitte befindet sich das Wappen von Kaiser Ludwig dem Bayern, dem ranghöchsten Wittelsbacher, auf dessen hohen Stand als »Kaiser des Heiligen Römischen Reiches Deutscher Nation« seine Nachfahren außerordentlich stolz waren. Das Wappen zeigt den doppelköpfigen Reichsadler unter der Kaiserkrone.

Über dem Eingangsportal mit der alten verwitterten Holztüre weist ein Bild auf das Thema hin, dem die Kirche geweiht wurde: die Heilige Dreifaltigkeit. Hier ist sie als »Gnadenstuhl« dargestellt. Gottvater hält seinen gekreuzigten Sohn auf dem Schoß. Über seinem Kopf schwebt der Heilige Geist in Form einer weißen Taube.

Treten wir nun in die Kirche ein. Der Innenraum erinnert an einen reichausgestatteten Rittersaal. Festlich und kostbar erscheint uns die kleine Kirche. Das Netzgewölbe, das besonders tief heruntergezogen ist, erzeugt bei uns ein behagliches, geborgenes Gefühl. Sternenartig überzieht es die Decke und schiebt sich zwischen Altar- und Hauptraum zu einem Triumphbogen zusammen.

Schauen wir uns nun die reiche Ausstattung ein bißchen genauer an. Was macht sie wohl so einmalig und wertvoll? Zum einen ist es ihr Alter, immerhin ist sie inzwischen über 500 Jahre alt, zum anderen haben die besten Künstler der damaligen Zeit an dieser Kirche und ihrer Ausstattung gearbeitet. Ein weiterer wichtiger Grund ist, daß sie bis heute fast unverändert in ihrer ursprünglichen Form erhalten geblieben ist.

Einer der Künstler, die zur Ausstattung der Kirche verpflichtet wurden, ist Jan Polack. Er war ein hochbegabter Maler, der aus seiner polnischen Heimat nach München kam und hier wegen seines außergewöhnlichen Könnens zum Stadtmaler aufsteigen konnte. Er hat die herrlichen Altarbilder erschaffen, denen wir jetzt unsere Aufmerksamkeit widmen.

In der Mitte sehen wir den Hauptaltar, einen Flügelaltar, dessen beide Flügel früher an Werktagen verschlossen bleiben mußten. Nur an Sonn- und Feiertagen durfte der Altar aufgeklappt werden. Wir sehen also heute die geöffnete Feiertagsseite. Das große Bild in der Mitte zeigt uns wieder einen sogenannten Gnadenstuhl. Ein prächtig gekleideter Gottvater sitzt auf einem goldenen Thron. Er ist in einen weiten roten Samtmantel gehüllt und trägt eine Kaiserkrone auf dem ergrauten Haar. Auf dem Schoß hält er uns seinen gekreuzigten Sohn entgegen. Kummervoll blickt er uns an, als wolle er fragen: »Warum habt ihr das getan?« Den blassen Körper des toten Christus hat der Künstler so wirklichkeitsnah gemalt, daß man den Eindruck hat, er wölbe sich aus dem Bild heraus. Kunstvoll sind auch die zwei reichgekleideten Engel, die ein hauchzartes Tuch vor die Beine von Christus halten. Der Heilige Geist sitzt als Taube auf Gottes Schulter.

Der linke Seitenflügel zeigt uns die Taufe Christi. Bis über beide Knie steht der fast nackte Christus im Wasser des Flusses Jordan und erwartet die Taufe durch Johannes. Dieser ist prächtig in einen rotgoldenen Mantel gehüllt. Auf der rechten Seite hält ein weißgekleideter Engel das kostbare Taufgewand bereit. Gottvater im wehenden roten Mantel erscheint diesmal auf einer Engelswolke am oberen Bildrand, während die Taube über dem Haupt von Christus schwebt. Das ganze Geschehen spielt sich in der freien Natur ab, was der Künstler durch das bewachsene Flußufer im Vordergrund und die auf einer Anhöhe liegende Burg im Hintergrund dargestellt hat.

Auf dem rechten Seitenflügel sehen wir die kniende Gottesmutter Maria. Sie erwartet ihre Krönung zur Himmelskönigin. Kunstvoll bauschen sich ihr langes Kleid und der weite Mantel in dicken Falten am unteren Bildrand. Die drei Könige hinter Maria stellen diesmal die Heilige Dreifaltigkeit dar. Vier schwebende Engel am oberen Bildrand zeigen den Himmelsbereich an, in den Maria nach der Krönung aufsteigen wird.

Das lange, schmale Bild mit den vier Männergestalten unter dem Flügelaltar nennt man eine Predella. Wir sehen die vier Evangelisten (= Verfasser der vier Evangelien, die im Neuen Testament über das Leben und Wirken von Jesus berichten). Von links sind das Mathäus mit dem Engel im Arm, Johannes mit einem Adler, Lukas mit dem Stier und Markus mit einem geflügelten Löwen. Jeder hat ein Buch vor sich liegen, was darauf hindeuten soll, daß es sich um gelehrte Männer handelt, die lesen und schreiben konnten.

Wenden wir uns jetzt dem rechten Seitenaltar zu. Das Hauptbild zeigt die Verkündigung Mariens. Auf der rechten Bildhälfte zeigt uns der Maler die kleine, wohlgeordnete Welt, in der das junge Mädchen Maria vor der Verkündigung in Nazareth sein Leben mit Nähen und Beten verbrachte. Die dunkle Wohnstube ist mit einem Baldachinbett ausgestattet sowie mit einem Tisch und einem Betpult, auf denen eine Menge kleiner, sorgfältig gemalter Gegenstände zu sehen sind. Maria trägt ein schlichtes dunkelblaues Kleid mit einem roten Übermantel. Von der linken hellen, goldfarbigen Bildseite her tritt, von sechs Engeln begleitet, der Verkündigungsengel Gabriel in das Leben von Maria. Leicht schiebt er den Bettvorhang zur Seite, um ihr zu verkünden, daß sie dazu auserkoren ist, Gottes Sohn zu gebären. »Fürchte dich nicht, Maria. Du wirst ein Kind bekommen, einen Sohn. Den sollst du Jesus nennen. Er wird Sohn Gottes genannt werden.« Oben, im Giebelfeld, ist Gottvater zu sehen, die Taube schwebt über dem Haupt von Maria.

Auf der Predella ist die heilige Sippe dargestellt, das sind Männer, Frauen und Kinder aus Marias Verwandtschaft.

Jetzt wenden wir uns dem linken Seitenaltar zu, der den Namen »Allerheiligen« trägt. In der Mitte des Bildes sehen wir den hoheitsvollen Christus, der unter einem goldenen Baldachin steht. Über einem braunen, langen Gewand mit goldenem Muster trägt er einen braungoldenen Mantel, dessen ganze Fülle von vier Engeln gerafft und hochgehoben wird. Den Kopf krönt eine Kaiserkrone, dieselbe, die auch Gottvater auf dem Bild am Hauptaltar trägt. Sie ist ein Zeichen seiner hohen Würde. Im seltsamen Gegensatz dazu stehen seine nackten Füße. Sie zeigen, daß Christus nicht nur Gottessohn, sondern auch Menschensohn ist. Die Füße haben keine Wundmale mehr, das heißt, daß hier der auferstandene Christus dargestellt ist. Eine große Schar Heiliger umdrängt Christus, so viele, daß man den Eindruck hat, es sei nicht genügend Platz gewesen, um alle darzustellen.

Auf der Predella sehen wir die 14 Nothelfer. Es handelt sich um heilige Personen, die man in höchster Not anrufen und um Hilfe bitten kann. Jeder von ihnen ist für eine besondere Katastrophe zuständig, wie zum Beispiel für Krankheiten, Unwetter oder Feuersbrünste. Auch die verschiedenen Berufe, wie Drechsler, Bäcker oder Tuchhändler, haben ihre eigenen Nothelfer.

Richten wir unsere Aufmerksamkeit jetzt auf die 1,30 Meter hohen Holzfiguren, die an der Wand im Kirchenrund angebracht sind. Obwohl sie außerordentlich kunstvoll und von enormen Wert sind, ist der Name des Künstlers nicht mehr bekannt. So hat man zu einem Notnamen gegriffen und den Unbekannten »Blutenburger Meister« genannt. Die zwölf Apostel, die wir hier sehen, haben allesamt einen ernsten und würdevollen Gesichtsausdruck und sind in Tunika und Mantel gekleidet. Gut unterscheiden kann man sie an den verschiedenen Haartrachten und an den Gegenständen, die sie bei sich tragen. Der eine oder andere von ihnen ist euch sicherlich vertraut. So vielleicht Petrus mit der Halbglatze und den Schlüsseln in der Hand, Paulus mit dem langen, würdevollen Bart und einem gewaltigen Schwert bewaffnet oder Johannes, der Lieblingsjünger von Jesus, der mit dichten, langen Locken und einem Kelch in der Hand dargestellt ist.

Zu diesen zwölf Apostelfiguren gehören noch Christus als Schmerzensmann und die berühmte Blutenburger Madonna (links vom Altar). Diese feine, von einem Mantel fast verhüllte, betende Frauenfigur gilt unter Fachleuten als ein Kunstwerk von größter Schönheit und als höchste Leistung altbayerischer Spätgotik. Ihr Wert ist unschätzbar.

Wie ein leuchtendes Band umziehen 16 Glasgemälde den ovalen Raum. Sie zeigen den Leidensweg von Christus, angefangen bei seinem Einzug in Jerusalem, über die Gefangennahme und die Kreuzigung, bis hin zur Auferstehung. Zuletzt sehen wir noch einmal Maria und den Verkündigungsengel. Die runden Glasschilder über den Passionsbildern zeigen Wappen der Wittelsbacher Familienmitglieder und ihrer weitverzweigten Verwandtschaft.

Alle Künstler, die an der Ausschmückung dieser kostbaren Kapelle beschäftigt waren, haben gemeinsam geplant und ihre Arbeiten aufeinander abgestimmt. Nur so war es möglich, den anspruchsvollen, schwierigen Auftrag von Herzog Sigismund auszuführen, und nur so konnte dieses einzigartige Gesamtkunstwerk entstehen.

Verlassen wir nun die Schloßkapelle und den Innenhof und wenden uns nach rechts. Über die Holzbrücke, an der Telefonzelle vorbei, führt der Weg noch ein kleines Stück weiter, bis wir zu einer Gabelung kommen (Schirmerweg). Wir nehmen die linke Abzweigung, gehen durch die Unterführung hindurch und im linken Bogen wieder hinauf zur stark befahrenen Verdistraße. Gleich hinter der Würmbrücke rechts den schmalen Weg hinunter wird es schnell wieder ruhiger, und wir können uns etwas genauer mit dieser stark befahrenen Straße beschäftigen.

Die Verdistraße war einst eine herrliche Ahornallee, die von Nymphenburg bis zur Blutenburg führte. Der Name der 2 Kilometer langen Straße war Hofstraße. Schon damals war hier eine ganze Menge los. Neben den zahlreichen Wagen der Händler und Bauern bewegten sich auf ihr zur Sommerzeit die eleganten Equipagen der Nymphenburger Schloßgesellschaft. Immer im Oktober kamen die Herrschaften aus Nymphenburg im langen Zug mit 15 bis 20 Kutschen, um in den wildreichen Menzinger Fluren auf die Jagd zu gehen. Im leichten Trab fuhren sie durch die schöne Allee. Winkende Kinder standen am Straßenrand und die hohen Damen und Herren warfen ihnen Silbertaler zu. Die Buben aus dem Dorf durften auf der Treibjagd mithelfen. Als Lohn erhielten sie nach getaner Arbeit im Gasthof »Zum Alten Wirt« ein Geldstück, zwei Knackwürste und ein Kracherl (Limonade).

Unser Weg führt uns jetzt rechts am Zehentstadel vorbei. Diese große Scheune diente früher als Lagerplatz, wo die Bauern von Menzing für die Fürsten in der Blutenburg den zehnten Teil von allem, was sie auf ihren Höfen erwirtschaftet hatten, abliefern mußten. Für Obst und Gemüse wurde der Krautzehent entrichtet, für Vieh und Geflügel der Blutzehent. Außerdem hatte der Bauer das ganze Jahr über unentgeltlich verschiedene Dienste für seinen Fürsten zu erledigen. So war er verpflichtet, ungeachtet seiner eigenen vielen Arbeit, zur Haupterntezeit auf den herrschaftlichen Feldern zu arbeiten. Im Herbst hatte er als Treiber bei der Jagd zu helfen, und im Winter war die Zeit, wo für den Münchner Hof das Holz geschlagen, geschnitten und transportiert werden mußte. Der Raum unter dem hohen Dach des großen Stadels hat zwei Etagen. Er diente zur Unterbringung von Korn und Heu oder sonstiger Waren, die trocken gelagert werden mußten.

Hier beginnt jetzt der Stadtteil Obermenzing, der erst 1938 nach München eingemeindet wurde. Früher war die Hofmark Menzing ein schönes Dorf mit stattlichen Bauernhöfen und drei Kirchen: Pipping, Blutenburg und St. Georg. Die Menzinger waren stolz auf ihr Dorf und die Zugehörigkeit zur alten, kostbaren Blutenburg.

Wir gehen geradeaus den befestigten Weg entlang. Im Hof auf der linken Seite gibt es ein riesiges, besonders schönes Taubenhaus zu bewundern.

Nachdem wir unter dem Torbogen hindurchgegangen sind, machen wir gleich rechts halt und beobachten, mit welcher Kraft das Wasser der Würm vorbeifließt. Ein steinernes Mühlenrad, das an der rechten Hauswand befestigt ist, erinnert daran, daß hier einst eine Mühle betrieben wurde.

Der Name »Würm« stammt von den Kelten, die einst an diesem Ort siedelten. Er ist eine Zusammensetzung aus »wirren« für »reißend« und »manare« für »fließend«. Aus »wirmina« wurde im Laufe der Jahrhunderte »Würm«.

Vor etwa 300 Jahren wurde dem Fluß – gegen den Willen der Menzinger – für die Wasserkünste im Nymphenburger Schloß eine große Menge Wasser entzogen. Ein erhebliches Problem für die Dorfbewohner, denn bei niedrigem Wasserstand konnten der Müller, der Schmied, der Zimmermann und der Wagner ihre Wasserräder nicht betreiben und somit ihre Arbeit nicht ausführen. Auch die Fischer kamen in Not, denn in dem flachen Wasser gab es immer weniger Fische. Einst waren dort Brachsen, Äschen, Karpfen, Hechte und Waller zu Hause. Die Sache wurde so ernst, daß man sich entschloß, gegen die Obrigkeit zu klagen: Man sei ruiniert und käme an den

Bettelstab, wenn die Würm nicht bald wieder mehr Wasser führen würde. Aber auch das half nichts. Die Menzinger verloren den Prozeß und mußten sich wohl oder übel mit den Gegebenheiten abfinden.

Am alten Weichandhof vorbei überqueren wir den Betzenweg und gehen weiter an der Würm entlang. In einiger Entfernung können wir jetzt schon die Kirche St. Georg erblicken. Ihr Zwiebelturm soll – nach fachlicher Beurteilung – der schönste von ganz Bayern sein. Schon vor über 1000 Jahren stand hier ein kleines Kirchlein. Vor etwa 600 Jahren wurde die heutige Kirche erbaut und dem heiligen Georg geweiht.

Betreten wir doch den kleinen Friedhof und lassen uns dort auf einer Bank oder auf der Wiese nieder, um etwas über den heiligen Georg zu erfahren. Er gilt als der junge, unbesiegbare, christliche Held, der gegen das Böse kämpft und es auch besiegt. Früher war er bei den Menschen sehr bekannt und sein Name wurde oft verwendet. Allein in München gibt es vier Georgskirchen. Auch das Land Georgien ist nach ihm benannt oder der Georgiritterorden, er ist der Patron der katholischen Pfadfinder und der Nationalheilige der Engländer. Er gehört zu den 14 Nothelfern, gilt als Beschützer des Viehs, und in Bayern wird ihm zu Ehren immer noch der Georgiritt veranstaltet. Wer war der heilige Georg eigentlich, wollt ihr jetzt sicher wissen:

Er diente als Soldat unter dem römischen Kai-

ser Diokletian, der für seine grausame und blutige Verfolgung der Christen bekannt wurde. Dank seiner großen Tapferkeit machte Georg eine glänzende Karriere und stieg schnell zum Oberst im kaiserlichen Heer auf. Als er zum Christentum übertrat, verwandelte sich die Gunst des Kaisers in Haß. Mit größter Härte verfolgte er seinen tapferen Untertanen und ließ ihn schließlich zu Tode martern. In den Herzen der Menschen aber lebte Georg weiter. Viele Wundertaten erzählt man sich von ihm, so zum Beipiel folgende:

In der Gegend von Beirut hauste in einem See ein riesiger Drache, der Wasser und Land unsicher machte. Manchmal wagte sich das Ungeheuer bis vor die Tore der Stadt und versetzte die Bewohner in Angst und Schrecken. Um es zu besänftigen, wurde beschlossen, ihm täglich zwei Schafe zum Fraß vorzuwerfen. Doch schon bald gab es in der ganzen Stadt kein einziges Schaf mehr. Man befragte das Orakel, und die schreckliche Antwort war, man müsse von nun an dem Drachen täglich einen Menschen opfern. Das Los solle bestimmen, wer an der Reihe sei. So wurde es eine Zeitlang gehalten und die Stadt wurde von Tag zu Tag leerer und die Menschen wurden immer stiller und trauriger.

Eines schlimmen Tages traf das Los auf Margarete, die junge, schöne Tochter des Königs. Dieser weigerte sich, das Mädchen herauszugeben. Doch das schwergeprüfte Volk wurde wütend und drohte, den Palast in Brand zu stecken. Da gab der König schweren Herzens nach und lieferte seine mit festlichen Kleidern geschmückte Tochter aus. Man führte das Mädchen vor die Tore der Stadt zu dem Ort, wo das Ungeheuer gewöhnlich seine Opfer abholte. Voller Verzweiflung lehnte sich Margarete an einen Felsen und weinte herzzerreißend. Da wollte es das Glück, daß gerade in diesem Moment Georg auf seinem Pferd vorbeikam. Er stieg ab und fragte das Mädchen nach seinem Kummer, worauf es ihm unter Schluchzen die ganze traurige Geschichte erzählte. »Fürchte dich nicht«, sprach Georg, »ich werde dich beschützen!« Und schon schlug der See hohe Wellen, das Wasser kochte auf, ein schauerliches Zischen erfüllte die Luft, und der riesige Drache wand sich aus den Wogen. Während die Prinzessin vor Entsetzen aufschrie, sprang Georg auf sein Pferd und stürzte sich auf das Ungeheuer. Mit einem einzigen Schwertstich machte er den Drachen kampfunfähig. Da brach das Volk, das den Kampf aus der Ferne beobachtet hatte, in unsagbaren Jubel aus.

Als die Menschen erfuhren, daß der Retter christlichen Glaubens war, ließen sich sowohl die königliche Familie als auch die 20 000 Einwohner, die übrig geblieben waren, taufen. Aus Dankbarkeit teilte der König seine Schätze mit Georg. Dieser aber verteilte alles an die Armen, umarmte den König und zog in sein Heimatland zurück.

Schauen wir uns jetzt die kleine, einfache,

uralte Dorfkirche ein bißchen genauer an. Sie ist aus groben Natursteinen erbaut, die von einer dicken, weißen Putzschicht überdeckt sind. An den fünf Fenstern der Südseite ist interessant, daß sie alle verschieden groß, von unterschiedlicher Form und unregelmäßig angeordnet sind. Was sich der Baumeister dabei gedacht hat, ist nicht überliefert. Auf dieser Seite, der »Sonnenseite«, war früher der jetzt noch zu erkennende Eingang. Das Dach war damals mit Holzschindeln gedeckt, die später durch ein Kupferdach ersetzt wurden.

Da die Kirche leider nicht zu besichtigen ist, verlassen wir den Friedhof auf der hinteren Seite und erreichen linker Hand das Gasthaus »Zum Alten Wirt«.

Das traditionsreiche Gasthaus wurde vor über 500 Jahren zum ersten Mal als »Taferne« erwähnt. Oft hat die Wirtschaft in den langen Jahren ihres Bestehens den Besitzer gewechselt. Einer der ersten war Erhard Menzinger. Sein Nachfolger baute das Gasthaus zu seiner heutigen Größe aus. 170 000 Ziegelsteine und 32 Fensterstöcke wurden dafür benötigt.

Eine Zeitlang, es ist jetzt über 300 Jahre her, war der Steyrer Hans Besitzer des Gasthauses. In ganz Bayern war der »bayerische Herkules« wegen seiner unglaublichen Körperkräfte berühmt und geachtet. Bei allen möglichen Gelegenheiten, wie beim Armdrücken oder Steinheben, demonstrierte er dem begeisterten Publikum sein Können.

Seit 1915 gehört die Wirtschaft dem Löwenbräu, der es an die Eheleute Stern verpachtet hat. Noch immer geht es hier ländlich und urig zu und auf der Speisekarte stehen vor allem deftige bayerische Gerichte.

Ehe wir hier unseren Spaziergang beenden und vielleicht auf eine Brotzeit einkehren, bewundern wir noch den ungewöhnlich schönen, reichgeschmückten Maibaum auf dem Parkplatz vor dem Haus. Er wurde errichtet »zu Ehren von Landwirtschaft und Gewerbe«. Könnt ihr die verschiedenen Handwerkszweige und bäuerlichen Gerätschaften zuordnen? Vier der dargestellten Gebäude haben wir auf unserem Spaziergang kennengelernt.

Der Brauch, einen Maibaum aufzustellen, stammt aus vorchristlicher Zeit. Er war ein Ausdruck der Freude darüber, daß der harte Winter endlich vorbei ist und der Frühling ins Land zieht. Auch heute noch suchen sich die Burschen eines Ortes oder einer Gemeinde eine besonders gutgewachsene, hohe Fichte aus und schälen den Stamm bis zur Spitze. Dann wird er mit den bayerischen Landesfarben Weiß und Blau angestrichen.

Die Mädchen des Dorfes verzieren den Baum mit Girlanden, bunten Bändern und Kränzen. An zwei Seiten des Baumes werden geschnitzte Bilder befestigt, die Szenen aus dem täglichen Leben des jeweiligen Dorfes oder Stadtteils darstellen. Auch wichtige Gebäude werden gezeigt, die Kirche, ein Bauernhof, die Schule oder ein Gasthaus.

Der liebevoll geschmückte Baum wird dann

Der Steyerer Hans

am Morgen des 1. Mai aufgestellt, wobei das ganze Dorf zuschaut. Steht der Baum endlich, gehen alle ins Wirtshaus, und am Nachmittag beginnt dann der Maitanz.

Schlecht ergeht es den Burschen, die ihren Maibaum vor dem Aufstellen nicht wie eine Kostbarkeit hüten und es den jungen Männern aus der Nachbarschaft gelingt, den Maibaum zu stehlen. Die Burschen müssen sich dann nach ihrem Maibaum auf die Suche machen. Haben sie ihn endlich gefunden, werden sie verspottet und müssen das kostbare Stück mit einer von den Dieben geforderten Menge Bier auslösen. Man kann sich vorstellen, wie streng die Burschen ihren Maibaum vor dem Aufstellen Tag und Nacht bewachen!

Quellenverzeichnis:

Bürger schreiben für Bürger: Das Hackenviertel, München 1984

Burger, Susanne: Die Schloßkapelle zu Blutenburg bei München, München 1978

Hirschbold, Benedikt: Münchner Heimatbuch, München 1950

Hollweck, Ludwig: München – Liebling der Musen, Wien/Hamburg 1971

Hubensteiner, Benno: Bayerische Geschichte, München 1977

Hundt, Barbara: Ludwig der Bayer, München 1989

Joos, Louis: Eine Stadtgeschichte für Kinder, Mannheim 1979

Reiser, Rudolf: Alte Häuser – große Namen, München 1988

Richardi, Hans-Günter: München neu entdeckt, München 1972

Roth, Susi: Bayrische Dorfgeschichten, München 1978

Schinzel-Penth, Gisela: Sagen und Legenden von München, Frieding 1979

Scholz, Freimut: Schloß Nymphenburg entdecken, MPZ und Bayerische Verwaltung der staatlichen Schlösser, Gärten und Seen, München 1994

Schrott, Ludwig: Münchner Alltag in acht Jahrhunderten, München 1975

Stieren, Bruno: Stadtführer München, München 1982

Wittner, Ernst: Kleine Geschichte Münchens, München 1959

Zuber, Elfi: Der alte Nördliche Friedhof, München 1983

Öffnungszeiten und Eintrittspreise:

Alte Pinakothek, Barerstraße 27
Das Museum war bei Redaktionsschluß (15. Mai 1998) noch wegen Renovierungsarbeiten geschlossen.
Öffnungszeiten und Eintrittspreise bitte telefonisch erfragen unter 2 38 05-0

Cuvilliéstheater, Eingang Residenzstraße 1
Montag bis Samstag 14 bis 17 Uhr,
Sonn- und Feiertage 10 bis 17 Uhr;
Eintritt: Erwachsene DM 3,–, Schüler Ermäßigung,
Kinder unter 15 Jahren in Begleitung Erwachsener frei

Deutsches Jagd- und Fischereimuseum, Neuhauser Straße 53
täglich 9.30 bis 17 Uhr, Montag und Donnerstag 9.30 bis 21 Uhr;
Eintritt: Erwachsene DM 5,–, Schüler DM 3,–,
Kinder unter 6 Jahren in Begleitung Erwachsener frei

Marstallmuseum im Schloß Nymphenburg
täglich (außer Montag) 10 bis 12 Uhr und 13 bis 16 Uhr;
Eintritt: Erwachsene DM 3,–, Schüler DM 2,–,
Kinder unter 15 Jahren in Begleitung Erwachsener frei

Münchner Stadtmuseum, St.-Jakobs-Platz 1
Dienstag und Donnerstag bis Sonntag 10 bis 17 Uhr,
Mittwoch 10 bis 20.30 Uhr;
Eintritt: Erwachsene DM 5,–, Schüler DM 2,50,
Kinder unter 6 Jahren in Begleitung Erwachsener frei,
Familienkarte DM 7,50

Schatzkammer der Residenz, Max-Joseph-Platz 3
täglich (außer Montag) 10 bis 16.30 Uhr;
Eintritt: Erwachsene DM 6,–, Schüler Ermäßigung,
Kinder unter 15 Jahren in Begleitung Erwachsener frei

Schloß Nymphenburg
täglich (außer Montag) 10 bis 12.30 Uhr und 13.30 bis 16 Uhr;
Eintritt: Erwachsene DM 4,–, Schüler DM 3,–,
Kinder unter 15 Jahren in Begleitung Erwachsener frei

Siemens-FORUM, Prannerstraße 10
Montag bis Freitag 9 bis 17 Uhr, Sonntag 10 bis 17 Uhr,
jeden 1. Dienstag im Monat bis 21 Uhr, um 19 Uhr Führung;
Eintritt frei

Spielzeugmuseum im alten Rathaus am Marienplatz
täglich (außer an Feiertagen) 10 bis 17.30 Uhr;
Eintritt: Erwachsene DM 5,–, Schüler DM 1,–,
Familienkarte DM 10,–

Valentin-Musäum, Isartorturm
Montag bis Samstag 10.01 bis 17.29 Uhr, Sonntag 10.01 bis 17.29 Uhr;
Eintritt: Erwachsene DM 2,99, Schüler DM 1,99,
Kinder unter 6 Jahren frei